Heidi Nehmeyer

Sankt Martin feiern mit Kindern

Lebendiges Brauchtum für die Gestaltung des Gruppenlebens im Kindergarten. Anregungen und Praxistipps für Eltern und ErzieherInnen

Mitarbeit: Günter Stauch

SÜDWEST

Inhalt

Die Legende vom heiligen Martin wurde in zahlreichen Kunstwerken verewigt.

Rechts: Hoch zu Ross führt der heilige Martin den Festumzug an.

*Wir basteln
Martinspuppen für
den festlichen
Umzug.*

*Links: In Spiel-
szenen wird das
Leben Martins
nachempfunden.*

*Zum Laternenumzug
versammeln sich
Groß und Klein.*

Vorwort

**Zünde ein Licht an in deinem Herzen,
damit dein Bruder, der unterwegs ist zu dir,
den Weg findet durch die Dunkelheit!**

Wolfgang Poeplau

Liebe ErzieherInnen, liebe Eltern, liebe LeserInnen,
der November steht ganz im Schatten des vorhergehenden Monats, der uns mit seiner Vielfalt an Farben und den letzten sonnigen Tagen den Herbst von seiner angenehmen Seite präsentiert. Den November hingegen bekommen wir mit dem zurückgehenden Tageslicht und den länger werdenden Nächten zu spüren. Das typische Grau beherrscht unsere Umgebung, die ersten Schneeflocken schneien vom Himmel. Die leiseren Töne überwiegen, um uns wird es ruhiger.

Seit Jahrhunderten wird am 11. November das Fest des heiligen Martin gefeiert. Vor allem die Kinder freuen sich schon Wochen vorher auf den Laternenumzug und eine Vielzahl von Bräuchen, die mit dem Ereignis verbunden sind.

Das Vorbild des Teilens

Das heißt aber nicht, dass es jetzt ganz still geworden ist. Jedes Jahr ziehen am 11. November Jungen und Mädchen durch die Straßen. Die Kinder bringen Lichter mit, die die Dunkelheit verdrängen. Sie feiern das Fest des heiligen Martin, der mit seinem Vorbild des teilenden Menschen für das Gute in uns steht. Teilen spielt in unserem Leben eine zentrale Rolle: Eine Gemeinschaft kann nur existieren, wenn jeder für den anderen da ist und die Bereitschaft zeigt, seinem Mitmenschen etwas abzugeben.

Auch wenn die ganz Kleinen diesen Hintergrund noch nicht erfassen können: Alle erfreuen sich an dem bunten Laternenfest, beteiligen sich mit großem Engagement an den Vorbereitungen. Ein Blick in die leuchtenden Augen eines Kindes, das, fasziniert von diesem Fest, neue Erfahrungen sammelt, lässt uns an dessen Freude teilnehmen. Ein besonderes Erlebnis für die Kleinen ist dabei die Begegnung mit den verschiedenen Erscheinungen des Lichts. Sie spüren, dass es Wärme ausstrahlt und die Möglichkeit gibt, die Dunkelheit zu besiegen. Licht vermittelt ein Gefühl der Sicherheit.

Von den vielfältigen Formen des Lichts und vom Teilen ist in diesem Buch oft die Rede. So feiern wir ein Lichterfest und halten eine Martinsfeier ab. Das Buch soll anregen, das Fest in christlichem Sinne zu gestalten.

In der praktischen Arbeit treffe ich immer wieder Kollegen, denen dieser religiöse Hintergrund so gut wie unbekannt ist. Diese Unsicherheiten selbst bei erfahrenen Erziehern veranlassten mich, dieses Buch zu schreiben. Es soll Leben und Vorbildfunktion des Heiligen verdeutlichen. Martin lebte zwar schon vor über 1000 Jahren, sein Beispiel beschäftigt uns jedoch noch heute. Die in den Regionen unseres Landes verschieden gepflegten Traditionen lassen genügend Freiraum für neue Formen der Martinsfeier.

Meine Beispiele sollen bei der Vorbereitung, Planung und Durchführung im Kindergarten oder beim abendlichen Laternenumzug helfen. Die praktische Umsetzung des Themas spielt daher die größte Rolle. Neben den praktischen Tipps habe ich daher auch den theologischen und religionspädagogischen Aspekten besondere Bedeutung beigemessen.

Freilich: Es kann nicht alles auf einmal ausprobiert und auch nicht alles gleichzeitig in ein Fest gelegt werden, was in diesem Buch vorgeschlagen wird. Wählen Sie einfach aus, was für Ihre Einrichtung, Ihre Gruppe und für Sie infrage kommt. Was Sie in die kommende Martinsfeier nicht mit einbringen können, sparen Sie sich einfach auf und planen es fürs Jahr darauf.

Worte der Verehrung

Ich finde: Es lohnt auf jeden Fall, sich mit Martin umfassend zu beschäftigen. Vielleicht regen dazu auch die Worte der folgenden Männer an – Menschen, die fasziniert von Martin waren. So sagte etwa der römische Schriftsteller Sulpicius Severus, der als Biograf des heiligen Martin gilt, nach einer Begegnung im Jahre 396: »Martin ermahnte mich, Christus nachzufolgen, und zeigte mir dies als wichtigste Lebensaufgabe. Ich kann euch versichern: Nie wieder im Leben habe ich einen solchen Menschen getroffen.«

Auch Don Quichotte meinte über Martin nach der Betrachtung eines Bildes: »Dieser Ritter war auch einer von den christlichen Abenteurern, und ich glaube, dass er noch freigiebiger als tapfer war, weil er, wie du hier sehen kannst, Sancho, seinen Mantel mit dem Bettler teilt und diesem die Hälfte davon gibt. Wahrscheinlich war es im Winter, sonst hätte er ihm den ganzen gegeben, so voller christlicher Nächstenliebe war er.«

In diesem Sinne wünsche ich Ihnen bei der Arbeit mit diesem Buch, beim Lesen der historischen und religiösen Hintergründe und beim Ausprobieren der Spiele, Basteleien und Rezepte viel Freude.

Heidi Nehmeyer

Die Verehrung des Martin von Tours begann schon zu dessen Lebzeit, lebte nach seinem Tode fort und findet auch heute noch vielfältigen Ausdruck. Zahlreiche Kirchen und Kindergärten tragen seinen Namen.

Geschichten von und um Sankt Martin

Das Leben des heiligen Martin von Tours

Martin von Tours wurde im Jahr 316 als Sohn eines römischen Tribuns im Militärstützpunkt Savaria, dem heutigen Szombathely, unweit des Balatonsees (Ungarn) geboren. Schon als Kind kommt er mit der christlichen Religion in Berührung, die ihn außerordentlich fasziniert. Besonders fühlt er sich von den Geschichten der Einsiedler angezogen, die sich in die Wüste zurückziehen und ihre Zeit ganz dem Gebet und der Askese widmen. Doch der Verordnung des Kaisers Konstantin folgend, nach der die Söhne römischer Soldaten und Offiziere ebenfalls zum Militär eingezogen werden, beginnt Martin mit 15 Jahren den Dienst an der Waffe. Nicht freiwillig, unter Fesseln zwingt man ihn zum Fahneneid.

Martin diente nach dem Vorbild seines Vaters im Heer des römischen Kaisers Julian als Soldat. Die legendäre Begegnung mit dem frierenden Bettler, mit dem er seinen Mantel teilte, wurde zum Wendepunkt in seinem Leben.

Martin wird Soldat

So wird Martin zwar Soldat, wie es sein Vater und das Gesetz entschieden haben, aber er ist keineswegs ein Soldat wie alle anderen. So weiß der Chronist Sulpicius Severus, dem wir die »Vita Martini« verdanken, zu berichten, dass Martin zum Gespött seiner Kameraden seinen eigenen Sklaven wie einen Bruder behandelte und eher ihm diente als umgekehrt. Martin brach mit der antiken Gesellschaftsform. Von daher lässt sich die symbolische Tat, die Mantelteilung, die ihn unvergesslich machen sollte, besser verstehen.

Die symbolische Tat

Die Mantellegende geschah in Amiens während eines bitterkalten Winters im Jahre 335. Martin, Reitersoldat der kaiserlichen Garde, teilte am Stadttor von Amiens seinen Mantel mit einem frierenden Bettler. Eine ungewöhnliche Tat,

»Die Mantelspende des heiligen Martin von Tours« wurde um 1320 von Simone Martini gemalt. Das Gemälde befindet sich in der Kirche S. Francesco von Assisi.

die im Laufe der Jahrhunderte eine ungeheuerliche Tragweite erfährt. In der darauf folgenden Nacht glaubt Martin im Traum Christus zu sehen, mit dem halben Soldatenmantel bekleidet, den er dem Armen gegeben hatte. Die Vision erinnert ihn an die Worte Christi aus dem Matthäusvangelium: »Was ihr dem geringsten meiner Brüder getan habt, das habt ihr mir getan.« Zweifellos eine Vision, die ihn in seinem Beschluss, sich taufen zu lassen, bestärkte.

Die Historiker sind sich nun nicht ganz einig, ob Martin im gleichen Jahr noch die Taufe erhielt – dann wäre er 18 Jahre alt gewesen – oder erst nach der Quittierung seines Militärdienstes im Jahre 356. Fraglos hingegen dürfte sein, dass Martin sich mehr als einmal mit dem Gedanken trug, den Kriegsdienst vorzeitig zu beenden, denn wie lässt sich das christliche Gebot »Du sollst nicht töten« mit der von einem Soldaten geforderten Bereitschaft zum Blutvergießen vereinbaren?

Abschied vom Regiment

Als wieder einmal germanische Stämme die nördlichen Grenzen Galliens bedrohten, rief Kaiser Julian sein Heer zusammen. Am Vorabend einer größeren Schlacht war es Brauch, an die Soldaten Gratifikationen zu verteilen,

Nach seiner »Bekehrung« wurde der Militärdienst für Martin zunehmend zur Last. Es hat durchaus seine Berechtigung, Martin heute auch als Vorläufer und Vorbild des Kriegsdienstverweigerers zu bemühen.

damit sie motiviert in den Kampf zögen. Martin schlug diese Vergünstigung aus, sah er sich doch dadurch in Gefahr, noch länger an den Dienstherrn gebunden zu sein. Er bat um seine Entlassung, um nur noch im Dienste Gottes stehen zu können. Als Soldat Christi habe er nicht das Recht zu kämpfen. Der Kaiser warf ihm Angst vor, dies sei der wahre Grund seiner Bitte. Doch Martin war bereit, sich am nächsten Tag ohne Waffen vor die erste Kriegerreihe zu stellen und nur mit dem Zeichen des Kreuzes die feindlichen Reihen zu durchbrechen. Der Kaiser nimmt ihn beim Wort und wirft ihn die Nacht über ins Gefängnis. Am nächsten Tag schicken die Germanen Unterhändler und bitten um Frieden. Schließlich ziehen sie mit Waffen und Tross ab, und Martin kann Abschied vom Dienst in der kaiserlichen Reitergarde nehmen.

Als Mönch und Klostergründer, als Missionar Galliens und als Bischof übte Martin durch sein von Glaubenskraft und Gerechtigkeit erleuchtetes Christentum außerordentlichen Einfluss aus, etwa am kaiserlichen Hofe zu Trier.

Vom Einsiedler zum Bischof

Er trifft auf Hilarius, Bischof von Poitiers, der ihm Lehrer und Führer wird. Nach einem Besuch bei seinen Eltern zieht sich Martin ins Eremitendasein in der Nähe von Genua zurück. 360 rief ihn Hilarius wieder nach Poitiers, und Martin gründete in Ligugé das erste Mönchskloster Galliens bzw. des Abendlandes. Elf Jahre später wurde er zum Bischof von Tours gewählt – gegen seinen eigentlichen Willen, denn er, der Priester, Arzt, Helfer in der Not, versucht immer wieder, der Welt zu entfliehen, in Beschaulichkeit und Askese zu leben. Doch das Volk verlieh ihm gegen den Widerstand anderer Geistlicher die Bischofswürde.

Nach einer Legende soll sich Martin versteckt haben, um der Wahl zum Bischof zu entgehen. Dabei sei er aber durch das Geschnatter von Gänsen verraten worden, weshalb diese dafür büßen mussten – eine späte, auffällig gesuchte Erklärung für den Brauch der Martinsgans.

Vor 1600 Jahren

1997 war ein besonderes Martinsjahr. Am 8. November 397 hatte Bischof Martin von Tours sein Leben in die Hände Gottes zurückgeben. Das war vor 1600 Jahren. Mit 80 Jahren ging er noch einmal auf Seelsorgereise durch sein Bistum, als er sein Ende nahen fühlte. Seine letzten Worte sollen gewesen sein: »Abrahams Schoß wird mich aufnehmen.«

Weiter berichtet sein Biograf Sulpicius Severus: »Die zugegen waren, haben mir bezeugt, sein Antlitz habe ausgesehen wie das Antlitz eines Engels. So schön war er anzusehen, als wäre er schon in der Glorie der künftigen Auferstehung, in einer verwandelten Natur und in einem neuen Fleische.«

Martins Beisetzung

Der Leichenzug von Martins Sterbeort zurück in seine Bischofsstadt wird zum Triumph: Tausende sind auf den Beinen, um dem geliebten Bischof das letzte Geleit zu geben. Alle beklagen den Verlust. Und doch spüren sie etwas von dem, was Christen Hoffnung über den Tod hinaus macht. Die Legende erzählt: Die Wiesen beginnen zu grünen, die Bäume schlagen aus, die Blumen fangen an zu blühen: Frühling mitten im November. Die Natur schlägt dort Purzelbäume, wo Martins Leichnam vorbeigetragen wird.

Und so ist der letzte Weg Martins auch seine letzte Predigt. Sie kündet von der Auferstehung, verkündet die Frohe Botschaft von der Überwindung des Todes und vom Weiterleben nach dem Tod. Martins Tod wird für viele, angespornt durch sein Beispiel, zum Neubeginn.

Viele Martinsgemeinden feiern seinen Gedenktag, den Tag seiner Beisetzung, den 11. November, besonders festlich.

Heiligenkult und Brauchtum

Der 11. November, der Tag seiner Beisetzung, wurde zum Gedenk- und Feiertag des außergewöhnlichen Menschen und Vorbildes Martin von Tours. Bischof Martin erfreute sich schon zu Lebzeiten einer so großen Beliebtheit, dass es kaum verwundern kann, dass man ihn und sein Lebenswerk in Erinnerung behalten wollte. Das Fest seiner Beisetzung sollte bis zum Ende des Mittelalters ein offizieller und folglich arbeitsfreier Feiertag bleiben.

Das Ausmaß seiner Verehrung zeigt sich besonders in den vielen Kirchen, die ihm geweiht sind. In Frankreich, dem europäischen Zentrum der Martinsverehrung, zählt man rund 3700 Martinskirchen. Aber auch in Deutschland erinnern zahllose Gotteshäuser an den Heiligen: allein 37 im Erzbistum Köln – bekannt dürfte Groß-Sankt-Martin sein – oder auch der Dom zu Mainz. Mehr als vier Prozent aller Ortsnamen in Frankreich tragen den Namen des Heiligen, und »Martin« ist dort ein so häufiger Familienname wie bei uns etwa Schmitz oder Müller.

Martin ist Schutzherr für vieles geworden; so erstaunt es nicht, dass eine Fülle von Bräuchen sich um den 11. November rankt. Sein Fest findet außerdem zu einem günstigen Datum statt: Es liegt in einer Jahreszeit, in der die Ernte eingebracht und die Weinlese beendet ist. Ein Wirtschaftsjahr geht zu Ende, und man genießt die Martinsgans, den Martinswein und erfreut sich der letzten

Martin war der erste christliche Heilige, der nicht wegen seines Glaubens körperliche Leiden ertragen und einen qualvollen Tod erdulden musste, also als Märtyrer starb.

Früher wurden am Martinstag die Pachtgelder und Zinsen an den Grundherrn abgeführt. Diese Szene setzte Jan Massys um 1539 auf seinem Gemälde »Beim Steuereinnehmer« ins Bild.

Im Harz ist es Brauch, dass man seine Nachbarn einlädt oder der Hausherr alle Bekannten zum Martinsmahl bittet. Jeder Gast wird mit einer großen Schüssel voller Kuchen begrüßt.

sonnigen Tage – des Martinssommers –, bevor der Winter mit Kälte und Frost Einzug hält.

Ende eines Wirtschaftsjahres

Am Martinstag ausgerechnet eine Gans zu verspeisen ist auf die Legende zurückzuführen, wonach es gerade diese Tiere waren, die Martin in seinem Versteck verrieten. Im Mittelalter hat sich diese Tradition verfestigt, als der Martinitag auch der Zeitpunkt für Pachtgelder und Zinsabgeltung an die Grundherren war. Damals war die Bezahlung in Naturalien – eben auch in Form einer Gans – üblich. Besonders dem Lehrer oder dem Geistlichen wurde sie als so genanntes Deputat überreicht.

Knechte und Mägde konnten zu diesem Datum ihre Stelle wechseln. Arbeitsverträge galten damals ein Jahr, und die Lohnknechte wurden ausbezahlt und entlassen. Vom alten Dienstherrn erhielt das Gesinde den Martinstaler, und der neue Herr musste sie an diesem Tag üppig bewirten.

Martinsmahl und ein Blick in die Zukunft

Zu Martini wurde das Vieh von der Weide geholt, Vorrat für den Winter angelegt und auf den Bauernhöfen geschlachtet – Speckmärten genannt.

Die bereits erwähnte Martinsgans ist zwar um diese Zeit am fettesten, aber das Ritual, Tiere feierlich zu schlachten und zu einem Festbraten zu erheben, hängt auch mit dem früheren Glauben an Vegetationsgeister zusammen. Die Menschen wähnten in den Körpern von Hühnern, Schweinen oder Gänsen die Geister – vergängliche Dinge wie Sommer und Winter. Mit der armen Gans wurde also der Sommer »geschlachtet«. Zurück blieb der Aberglaube an den »Glücksknochen« oder die Heilkraft des Gänsefettes. Alle Opfertiere enthielten nach damaliger Vorstellung übernatürliche Segens- und Heilkräfte. Das gipfelte in der Auseinandersetzung um den V-förmigen Brustknochen der Gans: Wer das größere Stück erwischte, dem ging ein Wunsch in Erfüllung. Selbst die Farbe des Knochens hatte eine tiefere Bedeutung: War er blass und weiß, so musste mit einem eiskalten Winter gerechnet werden. Besaß das Stück dagegen eine schöne rote Farbe, so waren die Wintervorräte gesichert.

Essen und Trinken zu Martini

Zum Gedächtnis des Heiligen gibt es eine Vielzahl an Bräuchen, die sich den Freuden des Essens und Trinkens widmen.

Zu dieser Zeit wird der erste junge Wein gekostet. Der neue Most ist trinkbereit, und der neue Wein wird getauft. Die Winzer finden sich zum Martinstrunk oder Märtestrunk zusammen und nehmen erste Kostproben vom Heurigen und stoßen im Rahmen eines festlichen Banketts oder eines Kameradschaftsabends auf die gute Ernte im nächsten Jahr an. Der Märteswein floss früher überall dort reichlich, wo Wein angebaut wurde. In Klöstern und Winzerstädten war es dazu üblich, an diesem Tag zum Nulltarif auszuschenken.

Laut einer Legende soll sich in der Martinsnacht Wasser in Wein verwandeln. Ein solches Wasserwunder lassen die Eltern in Halle den heiligen Martin vollbringen: Dabei erklären sie den Kindern, der Heilige habe die Macht, Wasser in Wein zu verwandeln. Deshalb stellen die Jungen und Mädchen am Abend zuvor große Krüge mit Wasser vor die Tür. Während die Kinder schlafen, tauschen die Eltern das Wasser gegen frischen Most aus. Dazu erhält jedes Kind ein Martinshörnchen.

Auch wenn die Gans – gebraten, geschmort oder wie in Köln mit Äpfeln, Rosinen und Kastanien gefüllt – die Hauptrolle beim Martinsfestmahl spielte und spielt, kam besonders in ärmeren Haushalten bescheidenere Kost auf den Tisch.

Der Dippedotz, Döppelkooche oder Duppes beispielsweise ist ein Kartoffelkuchen aus der Gegend zwischen Westerwald und Eifel. Er wird am Martins-

Das Märtesmahl ist in Weinanbaugegenden zusammen mit dem Märteswein die erste Herbstmahlzeit, welche die Gemeindeältesten zusammenführt. Die Dienstboten bekamen früher den Rebensaft zum Abschied mit.

tag zum Mittagessen oder Abendbrot verzehrt. Der Leckerbissen stammt aus der Zeit, als am Martinstag die Bauern Pacht und Zinsen zu entrichten hatten. Das war besonders unangenehm nach einer schlechten Ernte. Daher sollte das einfache, aber gute Kartoffelgericht die Martinsgans ersetzen.

Gebacken wurde und wird zu Sankt Martin in fast allen Landstrichen – am häufigsten das Martinshorn. Das Gebäck aus Mürbe- oder Hefeteig wird in Schlesien, Thüringen und Schwaben gebacken. Als Hörnchen oder Hörnli kennen es die Bayern oder Schweizer. Im Rheinland wird ein Weckmann mit Rosinenaugen und Tonwasserpfeife daraus, der in Norddeutschland Klosemann genannt wird. Das Martinshörnchen soll übrigens der Form von Broten ähneln, die zu Zeiten Martins gegessen wurden.

In süddeutschen Kirchen wurden Martinsgeigen – große Weißbrote – am Martinstag geweiht und den Armen geschenkt.

Die fünfte Jahreszeit

Für die Karnevalisten beginnt mit dem 11.11. um 11.11 Uhr die Karnevals- oder auch Fastnachtszeit. Der Ursprung liegt im Adventsfasten. Seit dem 6. Jahrhundert begann nach dem Martinstag eine bis Weihnachten dauernde 40-tägige Fastenzeit – Grund genug, um am Vorabend bei großen Schmausereien noch einmal ausgiebig zu feiern.

Umzüge am Vorabend zu Sankt Martin

Die bunten Laternenumzüge gehen auf die Perikopenordnung für den Martinstag zurück. Die Verse (Lk 11,33, Mt 5,15, Mk 4,21) verlangen, dass niemand sein Licht unter den Scheffel stelle, sondern auf den Leuchter. »So leuchte euer Licht vor den Menschen, damit sie eure guten Werke sehen und euren Vater im Himmel preisen.« Bekannt sind die Umzüge, aus dem Rheinland kommend, seit Mitte des 19. Jahrhunderts. Aktenkundig ist der Umzug 1886 in Düsseldorf, der erste, obwohl man von noch älteren Umzügen am Niederrhein weiß. Überall reitet Martin auf einem Schimmel dem Zug voran, begleitet von Kindern mit Laternen und Erwachsenen mit Pechfackeln.

»Hier wohnt ein reicher Mann ...«

In vielen Orten beginnen nach dem Martinszug im Anschluss an das Feuer die Heische- und Bettelgesänge. Kinder ziehen mit Gedichten und Gesängen von Haus zu Haus und erbitten kleine Gaben. Früher erbettelten sich beispielsweise fahrende Schüler und Studenten Zehrgeld und Esswaren – heute gibt es meist Süßigkeiten. Beendet wird ein Heischegang mit dem Lied »Hier wohnt ein reicher Mann«.

»Hier wohnt ein reicher Mann,
der uns was geben kann.
Viel soll er geben,
lange soll er leben.
Lasst uns nicht so lange stehn,
denn wir müssen weiter gehn,
weiter gehn.«

Gibt es nichts, wird der Geizhals verspottet und lauthals als solcher, nämlich als »Kniesbüggel« oder »Jitz-« oder »Jeitzhals«, benannt, und man zieht
weiter.

Martinsfeuer

Martinsfeuer werden in vielen Orten am Vorabend des Martinstages oder bei
Anbruch des Tages angezündet. Die Vorbereitung der Feuer erfolgt meist
schon etliche Tage vorher: Die Kinder sammeln Zweige, altes Kistenholz und
Stroh. Oft schichten sich Bewohner eines Hauses oder der ganzen Straße
Holzstöße auf, so dass am Abend des Martinstages überall kleine Lichter auf-
glühen. Die Jungen und Mädchen tanzen und warten, bis sie über die Glut
springen können. Früher wurden auch Körbe zum Zeichen des Ernteendes ins
Feuer gegeben. Ein weiterer Brauch verlangte, dass man die Asche des Feuers
auf die Wintersaat streute, um sie vor Schneckenfraß zu schützen.
Häufig endet der Martinszug mit dem Spiel der Martinslegende. In vielen
Gemeinden wird danach ein Martinsfeuer entzündet, und die Kinder erhalten
Martinstüten, gefüllt mit Schleckereien und Hörnchen oder Weckmännern.
In Belgien ist das Martinsfeuer ein gemütliches Kartoffelfeuer für die Klei-
nen, das zwischen den Feldern entfacht wird.
In Holland legen die Kinder Äpfel, Nüsse und Kuchen in große Körbe und
stellen sie neben das Feuer. Droht der Korb ins Feuer zu kippen, stürzen sich
alle darauf und versuchen, möglichst viel von dem Inhalt zu erhaschen.

Feste und Spiele

In vielen Regionen Deutschlands wird Sankt Martin als Erntefest gefeiert,
bei dem neben dem Festmahl auch lustige und teilweise recht urige Spiele
stattfinden.
Dazu zählt auch der Huttanz.
Junge Leute verabreden sich hierzu im Wirtshaus, essen, trinken und tanzen
danach nach folgendem Ablauf: Ein Mann setzt sich einen Strohhut oder

Im Rheinland mar-
schiert dem Zug ein
»Martinsmännchen«
voran, ein Junge, des-
sen Arme, Leib und
Beine mit Stroh
umwickelt sind.
Neben den Papierlater-
nen ziehen in manchen
Gegenden Kinder mit
ausgehöhlten Kürbis-
sen, die auf einem
Stock befestigt und
mit einer Kerze ausge-
stattet werden, durch
die Stadt.

13

An vielen Orten werden bei Tagesanbruch oder am Abend des 11. November Martinsfeuer entzündet.

einen Zylinder auf und versucht, ihn beim Tanzen einem anderen aufzustülpen. Das erfordert Geschick und Übung. So wandert der Hut von Kopf zu Kopf, und sobald die Musik aussetzt, muss das Paar mit dem Hut ausscheiden. Sieger und Hutkönig ist bei diesem Spiel das Paar, das am Ende übrig bleibt.

Das Sankt-Martins-Fest ist mit der Gans verbunden. Dieser Tag war schon in alten norwegischen Runenkalendern, im vorigen Jahrhundert auch in Tiroler Bauernkalendern einfach mit einer gemalten Gans markiert.

Im schweizerischen Sursee findet am Festtag des Heiligen ein Volksfest statt, dessen Ursprung wohl auf den erwähnten Zinstag zurückgeht. Dabei können sich die Burschen bei einem Wettklettern an der Stange mit Würsten und Schokolade messen. Sackhüpfen und Seilziehen runden das bunte Programm ab. Hauptattraktion ist der Gans-Abhauet. Auf dem Rathausplatz wird ein Draht gespannt, an dem eine fette Martinsgans hängt – mit den Beinen nach unten. Die Ganslauf-Teilnehmer stellen sich in einiger Entfernung in einer Reihe auf. Einer nach dem anderen wird vor seinem Lauf mit einem roten Mantel bekleidet. Dann werden ihm die Augen verbunden, und ihm wird eine pausbäckige Sonnenmaske aufgesetzt, offenbar als Sinnbild des Abschieds vom Sommer. Mit einem Krummsäbel ausgestattet, wird der Aspirant dreimal umgedreht, so dass er die Orientierung verliert. Von Trommelwirbel begleitet, marschiert der Teilnehmer in die Richtung, in der er die Gans vermutet. Johlen und Gelächter der Zuschauer zeigen ihm an, ob er sich geirrt hat. Erreicht er die Gans, darf er nach strengem Brauch nur einen einzigen Hieb führen.

Der geht meistens daneben, sehr zur Schadenfreude der Umstehenden. Diese Szene wiederholt sich viele Male. Gelingt einem Bewerber der Hieb und fällt die Gans herunter, so darf er sie behalten.

Kinderfeste mit Bescherung nehmen im Namen des heiligen Martin schon die Sitten und Spiele vorweg, die eigentlich mit dem Nikolaustag verbunden sind. So scheuchen belgische Eltern ihre Kinder am Martinsabend in eine Zimmerecke, werfen von außen Äpfel, Nüsse, Pfefferkuchen und Zuckersachen in das Zimmer und behaupten, es sei der heilige Martin gewesen. Die Kinder bedanken sich und versprechen, brav und artig zu sein. Wenn eines der Kinder nicht mehr daran glauben möchte, dass die Süßigkeiten von Martin stammen, darf es nichts davon aufheben.

Im Westfälischen stellen die Hausbesitzer den Kindern einen Korb mit Äpfeln und Nüssen bereit und behaupten, den habe der heilige Martin gebracht.

Im Osten Deutschlands ist es ein Korb mit Rüben, in dem Geldstücke versteckt sind. Der Korb wird kräftig geschüttelt, so dass sich alles gut vermischt. Dann müssen die Kinder mit verbundenen Augen nach den Münzen suchen.

Schutzherr und Patron

Die ihm zugeschriebenen Taten und Wunder waren derart vielfältig, dass sich die verschiedensten Gruppen Martin als Schutzherrn auserkoren.

In Frankreich ist er Nationalheiliger, war er doch Schutzherr der fränkischen Kaiser und Könige, und sein Mantel, in einem Schrein aufbewahrt, begleitete die fränkischen Könige in die Schlacht, den Sieg versprechend.

Aufgrund seiner Weigerung, unter Julian gegen die Germanen in den Kampf zu ziehen, gilt er heute auch als Patron der Kriegsdienstverweigerer. Er ist ferner der Schutzherr der Armen und Bettler, der Hirten und Hufschmiede. Schneider, Weber und Tuchhändler reklamieren ihn für ihr Patronat schon allein der Mantelteilung wegen. Und auch die Reisenden, Reiter und Soldaten rufen ihn um Schutz und Hilfe an. Einige Schützenvereine wählten sich den Heiligen ebenfalls als Schutzherrn.

Die Tiere werden unter den besonderen Schutz des Mannes aus Tours gestellt. Seine Bescheidenheit und seine Wertschätzung selbst der kleinsten Lebewesen gegenüber ließen ihn zum Patron des Viehs und der Hirten werden. In Frankreich meint man, dass viele Traditionen auf die Berührung mit Martins Stab oder aber auch durch die Hufe seines Pferdes zurückgehen. Daher werden mancherorts zu Martini die Pferde gesegnet.

Ganslsonntag heißt der Martinstag, fällt er auf einen Sonntag. Da erklingt vor der stillen Adventszeit ein letztes Mal die Herbstmusik, bei der die jungen Männer ihre Frauen zum Tanz führen und sie zum Gänsebraten einladen. Wer sich davor drückt, gilt als Geizkragen und hat es sich bei den Mädchen verscherzt.

15

Sankt Martin – pädagogisch betrachtet

Symbole der Martinsfeier

Der Martinstag, ursprünglich ein katholischer Festtag, ist auch in evangelischen Kreisen lebendig geblieben. Dort begnügt sich die Gemeinde meist mit einem Laternenfest. Wer um die Pflege christlicher Traditionen bemüht ist, sollte jedoch Laternenzug und Martinsfeier miteinander verbinden. Das Licht und die Mantelteilung stehen dabei als die beiden Symbole für Nächstenliebe im Vordergrund. Beides lässt sich den Kindern auf ganz zwanglose Weise folgendermaßen erklären.

Licht

Es ist Zeichen Gottes, Ausdruck der Freude und Sinnbild für das Gute im Menschen – im Gegensatz zur Finsternis, die für das Reich des Bösen steht. Es ist das innere Licht, das der Mensch entzündet und das ihn bei Kummer und Sorgen tröstet. Lichtsymbole kennen Christen auch in einem anderen Zusammenhang, etwa bei den Osterfeierlichkeiten und der Taufe und ganz besonders natürlich an Weihnachten. Licht wirkt – gerade auch in dieser dunklen Jahreszeit – auf Kinder faszinierend und ist auch daher unverzichtbarer Bestandteil der Martinsfeier.

Licht und Finsternis stehen als uralter, religionenübergreifender Gegensatz für das Gute und das Böse. So tauchen beispielsweise im Umfeld des Neuen Testaments die »Söhne des Lichts« und die »Söhne der Finsternis« auf.

Mantelteilung

Dieses bekannte Bild kann in Erzählungen präsentiert werden. Andere Formen wären Rollenspiel oder Malstunden. Dabei prägt sich dem Kind die Szene des helfenden Martin ein. Zugleich wird ihm der Sinn dieser Handlung erschlossen. Ein Offizier hoch zu Ross zeigt Mitleid mit dem Armen da unten.

Gibt es dazu Beispiele in der Gegenwart? Diese Frage könnte mit den Kindern erörtert werden. Das einstudierte Spiel mit dem Weggeben des Mantels – eines Teils seiner Bekleidung – in der Kälte kann schon anschaulich genug sein, um die Großzügigkeit des Heiliggesprochenen zu verdeutlichen.

Heiligenverehrung in der religiösen Erziehung

Sankt Martin als Vorbild der Nächstenliebe

Heilige sind Vorbilder. Seit den Anfängen der christlichen Kirche wurden sie verehrt, und ihr Vorbildcharakter wurde in der religiösen Erziehung durch die Jahrhunderte in vielfältiger Weise genutzt. Dass dabei jede Zeit entsprechend ihren »Erfordernissen« und den von der Obrigkeit als wünschenswert erachteten Tugenden bestimmte »Heiligentypen« und nachahmenswerte Charakterzüge bevorzugte, versteht sich aus dem jeweiligen Horizont.

Das Vorbild der heiligen Männer und Frauen spielt in der religiösen Erziehung eine große Rolle.

Askese und Enthaltsamkeit als Tugenden

So wurde beispielsweise früher im Rahmen der Heiligenverehrung dem Aspekt der Askese und der Enthaltsamkeit besonderes Augenmerk gewidmet – genau betrachtet ist das Heiligkeitsideal der christlichen Kirchen bis heute überwiegend zölibatär ausgerichtet. Reinheit und Keuschheit bzw. Ehelosig-

Hoch zu Ross führt der heilige Martin den Festumzug an.

17

keit galten als erstrebenswerte Tugenden bzw. Lebensweise, wobei hier freilich kritisch angemerkt werden muss, dass sich unter deren Deckmantel ein nicht unbeträchtliches Maß an tradierter Leibfeindlichkeit verbergen ließ – Erbe der antiken Philosophie und Pädagogik im Zuge der sogenannten Hellenisierung des Christentums.

Ein klassisches Beispiel: Niklaus von der Flüe

Kaum ein zweiter Heiliger vereint in seiner Person den inneren Zwist und die Überbetonung des asketischen Ideals gegenüber dem »weltlichen«, familiären so provokant wie der Schweizer Niklaus von der Flüe (1417–1487), der seine Frau Dorothea und seine Kinder verließ, um dem Ruf Gottes in die Einsiedelei zu folgen. Seine Vernachlässigung der Familienpflichten zu rechtfertigen oder gar als nachahmenswert zu empfehlen unter Berufung auf den Anruf Gottes als das höhere Recht – dies fällt in unserer modernen, säkularen Welt, etwa bei der Kindererziehung, schwer.

Im Rahmen der religiösen (Kinder-)Erziehung ist immer zu fragen, inwieweit der verehrte Heilige noch »zeitgemäß« ist. Gerade in unserer Zeit der zunehmend verletzten Menschenrechte gewinnen deshalb Vorbilder der Nächstenliebe, wie z. B. der heilige Martin, an Bedeutung.

Rückbesinnung auf die biblische Botschaft

Heute sind andere Tugenden und andere Aspekte der Heiligen, die in die religiöse Erziehung vorbildhaft integriert werden können, gefragt – und zum Glück sind der Katalog und die Gestalten der Heiligen so facettenreich, dass Sie als ErzieherInnen und Eltern rasch fündig werden. Dabei sollte man sich auf das Entscheidende der biblischen Botschaft zurückbesinnen – auf das Gebot der Nächstenliebe, von Jesus von Nazareth selbst seinen Jüngern vorgetragen im Gleichnis vom barmherzigen Samariter. Über ihn lässt sich problemlos eine Brücke zum heiligen Martin schlagen.

Die Geschichte dieses Mannes, der reine Nächstenliebe praktizierte, kann einem Kind die wichtige Funktion von Vorbildern nahe bringen. Ermuntern Sie es, sich mit der Hauptperson dieser Erzählung zu identifizieren und ihr Handeln nachzuvollziehen. Wie bei allen Erzählungen über Heilige sollte es in deren Rolle schlüpfen und – etwa im Fall des heiligen Martin – die Funktion eines helfenden Samariters übernehmen können. Das Kind lernt, mit gutem Beispiel voranzugehen und dabei auch positiv auf seine Altersgefährten und seine Umgebung einzuwirken.

Geschichten über Vorbilder in der Vergangenheit allein reichen allerdings nicht aus. Das Kind benötigt solche wegweisenden Gestalten auch in der Gegenwart und vor allem in seiner nächsten Umgebung: im Elternhaus, im Kindergarten.

Wie sich Kinder die Heiligen vorstellen

Im Kindergartenalter erweitert sich der Horizont des Kindes rapide. Diese Erweiterung wird nicht zuletzt vom zunehmenden Medienangebot, etwa dem Fernsehen, gefördert – positiv wie negativ. Entsprechend seinen individuellen Bedürfnissen wählt das Kind aus dem großen Angebot an Eindrücken seine Vorbilder aus. Dabei haben insbesondere solche Personen eine Chance, die neben ihrer Erscheinung zusätzlich durch außergewöhnliche Taten auffallen. Daher ist es wichtig, gerade solche Vorbilder wie den heiligen Martin schon im Kindergarten zu vergegenwärtigen. Sein dienendes Beispiel zeigt, dass Christsein nicht nur aus Gebet und Glaubensbekenntnis besteht, sondern immer auch mit guten Handlungen verbunden sein sollte. Mit Martin identifizieren können sich viele Kinder, wenn Sie sich beim Vortrag seiner Lebensgeschichte auch seiner Kindheit widmen (siehe Seite 41ff.).

Das Beispiel des Sankt Martin

Im November dominiert die Dunkelheit, und wir haben ein großes Bedürfnis nach Geborgenheit und Wärme. Gerade jetzt sehnen wir uns nach dem hellen Licht. Lassen Sie Ihre »lichten Seiten« zum Vorschein kommen: Helfen und schenken Sie. Beim Fest des heiligen Martin oder später des heiligen Nikolaus werden die Kinder von diesem »Gutsein« der Erwachsenen angesteckt und mitgetragen.

Wenn wir den Kleinen Martins Begegnung mit dem Bettler – einem Ausgestoßenen der Gesellschaft – nahe bringen, werden sie für ihre Umwelt sensibilisiert und können Not, Leid und Ängste anderer wahrnehmen.

»Er teilt den Mantel mit dem Schwert« – das Schwert ist zwar eine Waffe, aber damit tut Martin Gutes. Er teilt seinen Mantel und rettet so den Mann vor dem sicheren Tod. Am Martinstag ist Weihnachten noch weit weg, doch diese Einstimmung ermöglicht bereits eine wundervolle Vorbereitung auf die Adventszeit und die Geburt Jesu.

Der Reitersoldat Martin wird von Kaiser Julian als ängstlich bezeichnet: Jedes Kind erlebte schon die Situation, in der Gruppe als zu furchtsam ausgelacht zu werden. Martin erging es nicht anders, und dabei war er doch viel mutiger als alle anderen. Diese Geschichte kann beim Kind eigene Unsicherheiten abbauen helfen.

> **Licht als äußeres Zeichen ist mit »Licht im Herzen«, Wärme und Geborgenheit verknüpft – eine gute Möglichkeit, bereits Kindergartenkindern auf zwanglose Weise über die äußere Erfahrung den Zugang zur inneren zu eröffnen.**

Wir feiern Sankt Martin

Auf den folgenden Seiten finden Sie ausführliche Vorschläge, wie Sie Ihre Feier mit den Kindern kreativ gestalten können. Wie bereits im Vorwort erwähnt: Suchen Sie sich aus diesem Angebot aus, was für Ihre Familie, Gruppe oder Einrichtung passt. Sicher können Sie jedes Jahr nur einen Bruchteil der zahlreichen Anregungen verwenden. Aber das Martinsfest steht ja jedes Jahr an. Und für ErzieherInnen, Eltern, vor allem aber Kinder macht es am meisten Spaß, wenn der Ablauf nicht jedes Mal der gleiche ist.

Die Vorbereitung

Es trägt wesentlich zum Gelingen einer Martinsfeier bei, wenn die einzelnen Elemente (siehe nebenstehend) von den Erziehern gründlich erschlossen und in einen kindgemäßen Zusammenhang gebracht werden.

Eine Martinsfeier sollte gründlich vorbereitet werden. Dazu gehört auch, sich zuvor ein paar Gedanken über Sinn und Zweck dieses Festes zu machen. Wichtig ist, sich für eine bestimmte Form der Präsentation zu entscheiden.

Beispiele:
- Die Gestalt des Bischofs Martin vermitteln
- Einen Christusnachfolger vorstellen
- Den Begriff »Heiliger« erklären
- Mit einem Beispiel aus dem Alltag den Sinn des Teilens erläutern
- Eine konkrete Hilfsaktion für Bedürftige einleiten
- Ein Lichterfest feiern
- Martin als Lichterscheinung für den Bettler auftreten lassen

Das richtige Rezept für eine gelungene Martinsfeier

Zu einem gelungenen Fest gehört neben guten »Schauspielern« auch eine gewisse Dramaturgie.
- Der Darsteller des Martin muss rechtzeitig über seine Rolle (und seinen Rollentext) informiert werden.

● Der genaue Programmablauf sollte früh festgelegt sein, ein sorgfältig ausgearbeitetes Konzept den teilnehmenden Kindern und Mitarbeitern vorliegen.

● Das Üben der Lieder und eventueller Texte muss rechtzeitig erfolgen, darf aber für die Kleinen nicht zur lästigen Pflichtübung ausarten.

● Das Programm sollte abwechslungsreich, aber nicht überladen sein. Ein »volles« Angebot erschwert den Kindern die Übersicht, nimmt die Freude.

● Die einzelnen Bestandteile einer Feier wie Spiel, Musik, Lieder, Schmuck und Mahlzeiten müssen aufeinander abgestimmt sein.

● Wird ein Teil der Feier in der Kirche abgehalten, sollten die Jungen und Mädchen nicht nur als Statisten fungieren, sondern aktiv mitwirken.

● Bei der Martinsfeier im Kindergarten dürfen die Bedürfnisse der mitfeiernden Eltern nicht vergessen werden. Dies können Sie zum Thema eines rechtzeitig vorher abgehaltenen Elternabends machen.

● Wird im Kindergarten gefeiert, fühlen sich jüngere Geschwister oft benachteiligt, etwa beim Basteln. Ein Tipp: Beziehen Sie neben den Eltern auch diese Kleinen in die Vorbereitung mit ein. So kann beispielsweise anlässlich eines Bastelnachmittags die Herstellung einer einfachen Laterne den Jüngsten überlassen werden.

Der gemeinsame Laternenumzug stellt Höhepunkt und Abschluss der Feierlichkeiten zur Ehre des heiligen Martin dar.

Das richtige Bühnenbild

Beim Ausschmücken des Zimmers darf nicht vergessen werden, dass der umgebende Raum eine bleibende Erinnerung darstellen soll. Stärker als die Erwachsenen nehmen Kinder das Umfeld mit dem Auge wahr. Sie sind für die gebotenen Bilder besonders empfänglich. Kinder verstehen Bildhaftes besser zu verarbeiten als viele Worte. Ein origineller Wandschmuck sagt ihnen daher mehr als eine lange Geschichte. Doch Vorsicht: Soll der Schmuck seinen Zweck erfüllen, darf er nicht zu üppig und zu überladen sein. Verzichten Sie auch auf übertriebene, weil ablenkende Showeffekte, sei es bei der Musik wie auch der Beleuchtung.

Über das Licht in der Laterne und den Umgang damit

Wir alle kennen von klein auf den Spruch: »Messer, Gabel, Schere, Licht sind für kleine Kinder nicht!« Doch jedes Jahr gehen wir gerade während der Martinszeit und der nachfolgenden Advents- und Weihnachtstage mit offenem Feuer um. Ist das richtig? Ich denke, schon. In einigen Familien wie auch Kindergärten werden statt der kleinen Kerzen bereits elektrische Glühbirnen in die Laternenhalterungen montiert – sicher eine sinnvolle, weil wirkungsvolle Vorsichtsmaßnahme.

Kerzenlicht sollte gegenüber strombetriebenem Licht den Vorzug erhalten, auch wenn Letzteres ungefährlicher ist. Wie nebenbei ergibt sich somit eine günstige Gelegenheit, Kinder den verantwortungsbewussten Umgang mit dem Feuer üben zu lassen.

Kerzenschein bevorzugt

Den Zauber, Reiz und die Wärme einer richtigen Flamme kann das strombetriebene Licht allerdings nicht ersetzen. Die Jungen und Mädchen bevorzugen sicher den Kerzenschein. Gerade hier lernen sie auch, sehr sorgsam mit Feuer umzugehen. Wer mit seiner Laterne nicht vorsichtig umgeht, hat schnell einen Brand entzündet und ist sein Licht los – in Begleitung der Erwachsenen meist eine folgenlose Erfahrung.

Gerade bei dieser Gelegenheit sollte jedoch der sorgsame und verantwortungsbewusste Umgang mit dem Feuer geübt werden: Vorsichtig darf ein Kind die Gebetskerze anzünden. Dann beginnen wir mit einem Laternen- oder Lichtertanz. Vor dem großen Laternenumzug bekommt jedes Kind die Möglichkeit, seine eigene Laterne zu testen.

Integration von Kindern anderer Religionszugehörigkeit

Vor allem ausländische Kinder, die oft eine andere Religionszugehörigkeit haben, müssen bei der Martinsfeier nicht außen vor bleiben. Besonders der Kindergarten hat die Pflicht für die Erzieher, diese Aufgabe im ständigen Dialog mit den Eltern zu erfüllen. Das gilt erst recht im Fall von Familien aus einem anderen Land und Kulturkreis.

»Missionsarbeit« ist überflüssig

Kein Kindergartenpersonal versucht, Jungen und Mädchen anderer religiöser Herkunft zu missionieren, etwa sie mit aller Macht zu Christen zu machen. Es liegt daher an Ihnen, ob diese Integration für beide Seiten zufrieden stellend gelingt. Informieren Sie die Eltern ausländischer Kinder also genau über den Ablauf der Feier. Und schließlich: Warum sollte sich etwa ein muslimisches Kind nicht auch über die gute Tat Martins freuen und mit seiner selbst gebastelten Laterne singend durch die Straßen ziehen?

Mit einem Gottesdienst in der christlichen Kirche könnten sich beispielsweise türkische Eltern nicht einverstanden erklären. Setzen Sie sich zusammen, und finden Sie einen Kompromiss, falls Ihrer Kindergruppe viele muslimische Kinder angehören sollten. Es genügen dann etwa ein Laternenumzug und die anschließende Feier.

Da das Ideal der Nächstenliebe keineswegs eine christliche Errungenschaft ist, sondern auch in vielen anderen Kulturen und Religionen beheimatet ist, dürfte es im Kindergarten nicht schwer fallen, auch Kinder anderer Religionsgemeinschaften für das Vorbild des heiligen Martin zu begeistern.

Gebete zu Sankt Martin

Wo ich gehe, wo ich stehe, ist der liebe Gott bei mir.
Wenn ich ihn auch niemals sehe, weiß ich sicher: Gott ist hier!
Lieber Gott, hilf mir, dass ich erkenne, wo ich gebraucht werde. Dass ich auch in meiner Gruppe anderen Kindern helfen kann, trösten, wenn jemand traurig ist, ein guter Freund sein, wenn ein Kind alleine ist.
Hilf mir, dass auch ich ein Licht sein kann, das leuchtet, wo immer es ein bisschen finster geworden ist! Freude und Hilfe hast du dem Bettler und vielen Menschen gegeben, heiliger Martin.
Bitte auch für uns, dass wir ein offenes Herz und eine helfende Hand für alle haben, die unsere Hilfe benötigen.

Als Kinder des Friedens sind wir unterwegs zu dir;
als Kinder der Gerechtigkeit sind wir unterwegs zu dir;
als Kinder deiner Liebe sind wir unterwegs zu dir.
Wenn wir das Brot teilen, wenn wir die Schwachen stützen,
wenn wir die Verfolgten beschützen und für sie beten,
sind wir unterwegs zu dir.
Wir sind Anfänger, Herr, aber du bist an unserer Seite.

Frei nach einem Gebet aus Südafrika

Herr, gib uns Augen, die den Nachbarn sehn,
Ohren, die ihn hören und ihn auch verstehn.
Hände, die es lernen, wie man hilft und heilt,
Füße, die nicht zögern, wenn die Hilfe eilt.
Herzen, die sich freuen, wenn ein anderer lacht,
einen Mund zu reden, was ihn glücklich macht.
Dank für alle Gaben, hilf uns wachsam sein.
Zeig uns, Herr, wir haben nichts für uns allein.

Aus Neuseeland

Vorlesegeschichten

Geteiltes Licht

Vorlesegeschichten sind unter dem Gesichtspunkt der »narrativen Pädagogik« ein außerordentlich wichtiges Mittel, um Kindern Inhalte über das Hören, welches in ihrer Phantasie lebhafte Bilder freisetzt und innere Betroffenheit auslöst, nahe zu bringen.

Die folgende Erzählung mit einem einfachen Handlungsablauf findet auch bei den jüngeren Kindern großen Anklang.

▶ Es war einmal eine Laterne. Ihr Name war Lumina. In der Nacht ging sie gerne spazieren. Einmal wanderte Lumina durch den finsteren Wald. Ihr Licht leuchtete hell, ihr Schein fiel auf den dunklen Weg. Erst war es noch ganz still im Wald. Aber dann wurden die Äste der hohen Bäume unruhig. Immer fester zerrte der Wind an den Zweigen. Da flackerte Luminas Licht immer mehr.

Bald wurde der Wind ein richtiger Sturm. Lumina fürchtete sich: »Wenn nur mein Licht nicht ausgeblasen wird«, dachte sie und ging ganz vorsichtig weiter. Da plötzlich, ein Windstoß, das Licht ging aus. Lumina stand ganz allein im dunklen Wald. Wie sollte sie nun ihren Weg finden? Traurig stolperte sie zwischen hohen Bäumen hin. Endlich hörte es auf zu stürmen. Woher aber sollte Lumina nun Licht erhalten? Doch, was war das? Weit weg war ein Licht. Und das Licht kam näher und näher. »Eine Laterne«, dachte Lumina, »wie schön sie leuchtet.« Da lief Lumina auf sie zu und sagte: »Bitte, gib mir von deinem Licht, der Wind hat mein Licht ausgeblasen.« »Nein«, sagte die andere Laterne. »Wie soll ich dir von meinem Licht geben, dann sehe ich ja nicht mehr gut.« Und sie wandte sich mit ihrem Licht ab. Doch Lumina bat noch einmal die andere Laterne: »Bitte, teile doch dein Licht mit mir!« Zuerst zögerte die andere Laterne und überlegte. Da hatte die andere Laterne Mitleid und gab Lumina von ihrem Licht mit. Wie staunten da beide, als ihr beider Licht schön und hell leuchtete. Es war so, als hätte ihr Licht nie heller und schöner gestrahlt! »Ich danke dir«, sagte Lumina und wanderte froh nach Hause. ◀

Von Hubertus und Christine Vorholt. © Bergmoser und Höller Verlag, Aachen

Brot in deiner Hand

Oft werfen die Kinder angebissene Lebensmittel einfach weg, wenn ihr Hunger gestillt ist. Die nächste Geschichte soll sie zu der Überlegung anregen, ob sie dabei denn richtig handeln.

▶ An der Jakobstraße in Paris liegt ein Bäckerladen; da kaufen viele hundert Menschen ihr Brot. Der Besitzer ist ein guter Bäcker. Aber nicht nur deshalb kaufen die Leute des Viertels dort gern ihr Brot. Noch mehr zieht sie der alte Bäcker an: der Vater des jungen Bäckers. Meistens ist nämlich der alte Bäcker im Laden und verkauft. Dieser alte Bäcker ist ein spaßiger Kerl. Manche sagen: Er hat einen Tick. Aber nur manche; die meisten sagen: Er ist sehr weise, er ist menschenfreundlich. Einige sagen sogar: Er ist ein Prophet. Aber als ihm das erzählt wurde, knurrte er vor sich hin: »Dummerei ...« Der alte Bäcker weiß, dass man das Brot nicht nur zum Sattessen brauchen kann, und gerade das gefällt den Leuten. Manche erfahren das erst beim Bäcker an der Jakobstraße, z. B. der Autobusfahrer Gerard, der einmal zufällig in den Brotladen an der Jakobstraße kam. »Sie sehen so bedrückt aus«, sagte der alte Bäcker zum Omnibusfahrer. »Ich habe Angst um meine kleine Tochter«, antwortete der Busfahrer Gerard. »Sie ist gestern aus dem Fenster gefallen, vom zweiten Stock.« »Wie alt?«, fragt der Bäcker. »Vier Jahre«, antwortete Gerard. Da nahm der alte Bäcker ein Stück vom Brot, das auf dem Ladentisch lag, brach zwei Bissen ab und gab das eine Stück dem Busfahrer Gerard. »Essen Sie mit mir«,

Der Mensch lebt nicht vom Brot allein, auch das Herz und die Seele verlangen nach »Brot« – die nebenstehende Geschichte vermittelt Kindern diese Urerfahrung auf ganz unkomplizierte Weise.

Essen wird von kleinen Kindern zunächst als Stillen des natürlichen Hungergefühls erfahren. Diese Geschichte kann helfen, auch ihr Verständnis für die Gemeinschaft zu wecken.

sagte der alte Bäcker zu Gerard, »ich will an Sie und Ihre kleine Tochter denken.« Der Busfahrer hatte so etwas noch nie erlebt, aber er verstand sofort, was der alte Bäcker meinte, als er ihm das Brot in die Hand gab. Und sie aßen beide ihr Brotstück und schwiegen und dachten an das Kind im Krankenhaus. Zuerst war der Busfahrer Gerard mit dem alten Bäcker allein. Dann kam eine Frau herein. Sie hatte auf dem nahen Markt zwei Tüten Milch geholt und wollte nun eben noch Brot kaufen. Bevor sie ihren Wunsch sagen konnte, gab ihr der alte Bäcker ein Stück Weißbrot und sagte: »Kommen Sie, essen Sie mit uns: Die Tochter dieses Herrn liegt schwer verletzt im Krankenhaus – sie ist aus dem Fenster gestürzt. Vier Jahre ist das Kind. Der Vater soll wissen, dass wir ihn nicht allein lassen.« Und die Frau nahm das Stückchen Brot und aß mit den beiden. ◀

Aus: »Brot in deiner Hand« (gekürzt), Heinrich A. Mertens. © Pfeiffer Verlag, München

Die Martinslegende

Die folgende Vorlesegeschichte zeigt, wie die Martinslegende in zulässiger Weise für das kindgerechte Verständnis abgewandelt und in einen familiären Erzählzusammenhang eingebunden werden kann.

▶ »So, jetzt wird es aber Zeit! Ab ins Bett! Es ist schon spät«, sagt die Mutter und geht mit Sabine ins Badezimmer. Es dauert nicht lange, da kommt Sabine im Schlafanzug wieder heraus. »Aber meine Laterne nehme ich mit ins Bett«, sagt sie und ergreift ihre Laterne. Singend zieht sie durch den Flur zu ihrem Zimmer: »Laterne, Laterne, Sonne, Mond und Sterne ...« Die Eltern lachen sich zu. Der Vater zieht hinter Sabine her und singt mit: »Löschet aus das Licht, löschet aus das Licht, nur meine kleine Laterne nicht!« Sabine dreht sich um und strahlt ihren Vater an. »Vati, das war heute ein schöner Lichterzug! Schade, dass du es nicht gesehen hast.« »Ja, Mutti hat mir schon davon erzählt!«, sagt der Vater. »Auch von dem Gedicht, das du zusammen mit Regine aufgesagt hast. Sie war richtig stolz auf dich. Aber jetzt musst du schlafen, du hast schon ganz kleine Augen.« Er packt Sabine unter den Armen und hebt sie ins Bett. »Komm, gib mir deine Adventslaterne. Die hängen wir an die Wand.« Sabine protestiert: »Das ist doch keine Adventslaterne, Vati. Das ist eine Martinslaterne. Heute ist doch der Martinstag!« »Was für ein Tag?«, fragt der Vater. Sabine ist wieder hellwach.

»Der Martinstag! Kennst du die Geschichte vom heiligen Martin?« »Nicht so richtig. Du kannst sie mir ja morgen erzählen. Heute ist es schon sehr spät!« »Nein, das muss ich dir heute erzählen. Heute ist doch Martinstag. Es ist aber eine lange Geschichte. Du musst dich zu mir setzen!«

Der Vater seufzt ein bisschen, aber dann setzt er sich doch zu Sabine aufs Bett. Die Laterne hat er immer noch in der Hand. Sabine erzählt: »Also, der Martin war ein Soldat. Einmal ist er durch einen Wald geritten. Es war bitterkalt. Er hat sich seinen warmen Mantel angezogen, damit er nicht friert. Da hat der Martin bemerkt, dass sich unter einem Baum etwas bewegte. Erst hat er gedacht, es wäre ein Tier. Doch dann war es ein Mensch. Der hatte fast nichts an.

›Was machst du denn hier im Wald? Du erfrierst doch!‹, hat der Martin gesagt. Es war ein Bettler, der vor lauter Kälte keine Kraft mehr gehabt hat. Er hat im Schnee gekauert und Angst gehabt vor dem Martin. ›Tu mir nichts‹, hat er gesagt. ›Ich habe nichts Böses getan. Ich bin ganz arm und weiß nicht, wie ich mich wärmen soll. Hilf mir doch!‹

Der Martin ist vom Pferd gestiegen und hat sein Schwert herausgezogen. Da hat der Bettler noch mehr Angst bekommen. Aber der Martin wollte ihm nichts Böses tun. Er wollte ihm helfen. Er hat seinen Mantel ausgezogen und ihn mit seinem Schwert in zwei Stücke zerteilt. Die eine Hälfte hat er dem Bettler über die Schultern gelegt. Der hat die Wärme gespürt und war ganz glücklich. Er wollte sich bedanken. Aber der Martin war schon wieder auf dem Pferd und ist davongeritten. Martin hat noch oft an den Bettler gedacht. Einmal hat er im Traum Jesus gesehen. Der sah aus wie der Bettler, mit dem er seinen Mantel geteilt hat. Da wollte der Martin kein Soldat mehr sein und hat sein Schwert weggelegt. Später wollten die Leute den Martin zum Bischof haben. Aber der Martin wollte kein Bischof sein. Als sie gekommen sind, um ihn zu holen, hat er sich im Gänsestall versteckt. Da haben die Gänse geschnarrt und das Versteck verraten. Der Martin ist dann doch Bischof geworden, und heute ist sein Namenstag.«

Sabine ist fertig mit ihrer Martinsgeschichte und sieht den Vater erwartungsvoll an. »Das hast du sehr schön erzählt«, sagt der Vater. »Danke für diese schöne Geschichte! Und jetzt schlaf schön. Gute Nacht, Sabine.« »Gute Nacht, Vati!« Sabine schlingt die Arme um seinen Hals und gibt ihm einen Kuss. Der Vater geht zur Tür und löscht das Licht. »Du, Vati?«, ruft Sabine ihm nach. »Ja?« Der Vater bleibt stehen. »Mein Anorak ist aber viel zu klein«, sagt Sabine nachdenklich. »Den kann ich nicht zertei-

Es muss nicht – historisch korrekt – die französische Stadt Amiens sein, vor deren Toren Martin dem Bettler begegnet; dem Erleben des Vorschulkindes ist es gemäßer, wenn die Szene einfach in einem Wald stattfindet.

len.« »Nein, Sabine, das brauchst du auch nicht«, antwortet der Vater. »Aber es gibt viele andere Dinge, die wir teilen können.« ◀

Aus: »Die Martinslegende – Erzähl mir vom Glauben«, Karl Foitzik, Friedrich Johannsen, Ilse Jüntschke. © Ernst Kaufmann Verlag, Gütersloher Verlagshaus Gerd Mohn

Ein Herz für die Armen

Die folgende Geschichte zeigt auf einfühlsame Weise, wie Kinder Martins vorbildliche Geste des Teilens in ihrem Alltag beherzigen können.

▶ Unsere Kirche war dem heiligen Martin geweiht. Ich war stolz darauf, denn der heilige Martin war auch mein Namenspatron. Meine Mutter wusste viele Geschichten von diesem großen Heiligen, etwa die, wie Martin seinen Mantel mit einem Bettler teilte. »Er hatte ein Herz für die Armen«, pflegte sie zu sagen. Ich nahm mir vor, auch ein Herz für die Armen zu haben. Eines Tages kam ein Drehorgelmann durchs Dorf. Er war alt und sehr mager. Er ging langsam, nach vorn gebeugt, hier und da hauchte er sich in die Hände. Es war kalt. Ich sah nachdenklich zu ihm hin und steckte meine Hände in die Hosentaschen. Dabei fühlte ich das Markstück, das mir die Nachbarin für einen Botengang geschenkt hatte. Ich trug es schon zwei Tage mit mir herum und überlegte immer noch, was ich mir dafür kaufen sollte. Plötzlich wurde mir heiß. Ein Herz für die Armen haben, bedeutete das, dem Drehorgelmann das Markstück zu schenken? Ein ganzes Markstück? Der heilige Martin hatte nur seinen halben Mantel hergeschenkt – eine Mark konnte man nicht so einfach teilen. Um nicht weiter nachdenken zu müssen, lief ich, so schnell ich konnte, heim. Ich schwitzte vor Eile und Aufregung, und das war wahrscheinlich schuld, dass mich der dicke Wollschal am Hals besonders arg juckte und kratzte. Er war aus gefärbter Schafswolle, er ärgerte mich, sooft ich ihn anhatte, und ich musste ihn den ganzen Winter über tragen. Ich blieb stehen und zerrte daran, und da kam mir plötzlich ein Gedanke:

Kinder meinen oft, Drehorgelmann sei ein lustiger Beruf. Der Drehorgelmann in nebenstehender Geschichte deutet aber auch an, wie viele Entbehrungen und Heimatlosigkeit sein Gewerbe mit sich bringt.

Ich könnte ja dem Drehorgelmann den Schal schenken, der war mehr wert als eine Mark. Ich würde ihn nicht auseinander schneiden wie der heilige Martin seinen Mantel – nein, ich würde ihn ganz und ungeteilt überreichen. Mir schwindelte schier vor meiner großen Güte. Als ich noch so an unserm Gartenzaun stand, kam der Drehorgelmann zurück. »Sie!«, sagte ich. Da schaute er auf und blieb stehen. »Ich schenk Ihnen was«, erklärte ich hastig und riss mir den Schal vom Hals. Er schaute mich erstaunt an. »Nehmen Sie ihn doch«, sagte ich, und weil der Mann sich nicht rührte, legte ich den Schal auf die Drehorgel. Da endlich schüttelte der Drehorgelmann den Kopf und fragte: »Darfst du denn das?« »Ich schenk ihn gerne her«, sagte ich, und das war die Wahrheit. Ich weiß heute noch nicht, wo mein Vater so plötzlich herkam. Jedenfalls stand er auf einmal neben mir. Ehe er etwas sagen konnte, versicherte der Drehorgelmann eifrig und ängstlich, dass er mich nicht angebettelt habe. Dabei nahm er den Schal von der Drehorgel und hielt ihn meinem Vater entgegen. Aber der wehrte freundlich ab: »Schon recht, behalten Sie ihn nur!«

Die Geschichte vom Drehorgelmann macht deutlich, dass das Vorbild der Mantelteilung durch Martin beim Kind anderer Umsetzungsformen bedarf, die in seinem unmittelbaren Erfahrungsbereich angesiedelt sind.

Der Drehorgelmann bedankte sich überrascht und beglückt. Dann schlurfte er davon. Ich schaute ihm sehr erleichtert nach. Aber meine Freude war verfrüht. »Etwas herzuschenken, was man selber nicht mag, ist keine gute Tat«, sagte mein Vater. »Deine Mutter hat viel Arbeit gehabt mit dem Stricken, und die Wolle war auch nicht billig.« Dann zog er sich seinen Schal vom Hals und wickelte ihn mir um. »Damit du nicht frierst – ich habe ja noch einen.« Dann ging mein Vater ins Haus zurück. Ich fühlte das Markstück in der Tasche, aber es machte mir keine Freude mehr. Der Schal juckte mich noch ärger, als meiner es getan hatte. Außerdem hing er mir bis zu den Knien hinunter. Ich erkannte, dass es gar nicht so einfach war, ein Herz für die Armen zu haben. ◀

Aus: »Weihnachten für alle« (gekürzt), Maria Thudichum. © Ludwig Auer Verlag, Donauwörth

Der Laternenumzug, den Daniel nie vergessen wird

Die folgende Geschichte taucht wie nebenbei den gerade unter kleinen Kindern beliebten Spruch »Angsthase, Pfeffernase« in ein milderes Licht.

▶ Endlich war es so weit: Der Kalender zeigte den 11. November und somit den Namenstag des heiligen Martin, an dem der Laternenumzug im Kindergarten stattfand. Schon einige Wochen zuvor hatten die Kinder mit ihren Vorbereitungen begonnen. Sie hatten Laternen gebastelt, miteinander kleine Martinshörner gebacken, neue Lieder einstudiert und das Gruppenzimmer, in dem nach dem Umzug eine Martinsfeier stattfinden sollte, ganz festlich geschmückt. Auf den Tischen, an denen sonst immer gespielt wurde, lagen Tischdecken, darauf standen bunte, selbst gebastelte Martinslichter. An den Fenstern waren die Vorhänge zugezogen, und darauf steckten viele kleine gelbe Papiersterne und natürlich ein großer Mond. An den Wänden hing ein großes selbst gemaltes Bild vom heiligen Martin, der dem armen Bettler half. Daniel hatte das Pferd gemalt, und darauf war er besonders stolz. Die Eltern von Daniel würden nach dem Umzug staunen.

Der Laternenumzug ist für Kinder der Höhepunkt des Martinsfestes. Mit wie viel Vorbereitung und Aufregung ein solcher Umzug verbunden sein kann, erzählt die nebenstehende Geschichte – und was sonst noch alles passieren kann!

Es dauerte sehr lange, bis zu Hause endlich alle fertig angezogen waren. Daniel konnte das schon selbst, immerhin war er ja beinahe sechs Jahre alt. Aber bis seine Schwester Lisa endlich so weit war – das dauerte ...

Da der Wetterbericht heute auch noch leichten Nieselregen angekündigt hatte (kalt war es sowieso schon), bekamen Lisa und Daniel über ihren warmen Anoraks auch noch Wasser abweisende Regenjacken übergezogen. Daniel konnte es inzwischen kaum noch erwarten, er war ein bisschen ungeduldig, was aber heute wirklich kein Wunder war. Als er es gar nicht mehr aushielt, sagte er: »Nun mach endlich, Lisa, sonst müssen wir dich heute zu Hause lassen und ohne dich gehen. Draußen ist es schon dunkel, es geht gleich los!«

Lisa sah ihren Bruder mit großen Augen an, doch die Mutter beruhigte beide Kinder sofort: »Wir haben noch genügend Zeit. Lisa ist fertig, du auch, Daniel, und der Kindergarten ist gleich um die Ecke. So, jetzt holt eure Laternen, dann geht es los!« Daniel und Lisa sausten zur Garderobe. Daniel hatte seine Laterne im Kindergarten selbst gestaltet: Aus dunklem Papier hatte er Sankt Martin ausgeschnitten und auf ganz buntes Papier geklebt. Lisa hatte zusammen mit Mama auch im Kindergarten mit den »Kleinen« (wie die Vorschulkinder sie immer nannten) eine Laterne gebastelt, die mit vielen kleinen Papierschnipseln beklebt war. Als beide ihre Laternen in der Hand hatten, konnte es losgehen.

Vorneweg lief natürlich Daniel, der am liebsten gerannt wäre, in der Mitte an der Hand zwischen Vater und Mutter folgte Lisa. Als sie um die Ecke von der Parkstraße in die Bahnhofstraße kamen, sah Daniel schon die anderen Kinder mit ihren Eltern. Da drüben war Stefan, sein bester Freund, der ihm schon oft geholfen hatte, seinen Turm auf dem Bauteppich zu verteidigen! Gleich daneben kam Petra, die konnte er nicht so gut leiden, die weinte immer gleich, obwohl sie auch ein Vorschulkind war. Und die hatte vor allem Angst! Und so sah er nach und nach alle Kinder seiner Gruppe eintreffen. Frau Merlin, seine Erzieherin, war natürlich schon lange vorher da, sie hatte die letzten Vorbereitungen getroffen. Dann endlich stellten sich Eltern, Kinder und Erzieher zu einem langen Zug auf. An der Spitze lief ein wunderschönes weißes Pferd mit einem stolzen Martin. Inzwischen war es schon Abend und ganz dunkel. Zuerst sang man miteinander das Lied »Laterne, Laterne, Sonne, Mond und Sterne« und anschließend »Sankt Martin, Sankt Martin, Sankt Martin ritt durch Schnee und Wind«. Das war ein tolles Lied, das gefiel Daniel am besten. Er sang ganz laut mit: »Sankt Martin mit dem Schwerte teilt.« Diese Stelle liebte er ganz besonders.

Ganz versunken und in Gedanken betrachtete er seine Laterne. Wie schön sie leuchtete, den Martin konnte man ganz genau sehen! Er dachte nach: »So ein kleines Licht, und doch kann es so hell machen. Diese kleine Kerze.« Und er folgte seiner ausgestreckten Hand mit der Laterne. Als der

Damit der Zug ganz besonders feierlich und festlich aussieht, werden die Häuser, an denen der Zug vorbeizieht, häufig mit Zweigen, bunten Bändern und Tüchern, Wimpeln und Fahnen geschmückt und Kerzen in die Fenster gestellt.

Eine besonders festliche Stimmung prägt den Umzug, wenn kleine Musikanten ihn begleiten.

31

Ängstliche Kinder werden im Kindergarten oft gehänselt und ausgelacht. Dass Angst zu haben aber alles andere als lustig ist, muss der mutige Daniel erst am eigenen Leib erfahren.

Zug am Park vorbeiging, wo es besonders dunkel war, weil die Straßenlaternen etwas weiter auseinander standen, bemerkte keiner, dass Daniel dem Gehsteig folgte und um die Ecke lief. Mama und Papa merkten Daniels Verschwinden nicht, weil Lisa sich jetzt in der Dunkelheit ein wenig fürchtete und zu weinen anfing. Die anderen Eltern bemerkten nichts, da sie auf ihre Kinder und deren Laternen Acht gaben, und die Kinder hatten nur Augen für den Reiter. Nicht einmal Frau Merlin fiel Daniels Fehlen auf, da sie auf den Abstand zwischen Reiter und Kindern Acht geben musste. So lief Daniel mit seiner Laterne um die Ecke und bemerkte selbst erst, dass er völlig alleine sang, als das Lied zu Ende war.

Da stand er jetzt. Es war total finster um ihn herum, kein Mensch war mehr unterwegs. Hinter den heruntergelassenen Rollläden konnte man nur kleine Lichtschlitze erkennen, und da bekam er plötzlich eine Riesenangst. Wo waren nur Mama, Papa, Lisa und alle anderen? Sein Herz schlug kräftig. Ganz alleine stand er da und überlegte kurz. Da fiel ihm sein Laternenlied ein: »Laterne, ich sehe dein Licht, Laterne, ich fürchte mich nicht!« Dieses Lied summte er vor sich hin und rannte schnell auf dem Gehsteig zurück in die andere Straße – und Gott sei Dank: Von hinten sah er noch Petra, ausgerechnet Petra, die doch selbst vor allem und jedem Angst hatte. Wie freute er sich jetzt, sie zu sehen! In diesem Moment drehte sie sich um, sah Daniel und rief ganz laut seinen Namen. Alle blieben stehen. Die Eltern von Daniel waren nun heilfroh, als er wieder da war. Bis zum Ende des Laternenumzuges wich Daniel nicht mehr von der Seite seiner Familie. Als sie im Kindergarten waren, war er sehr, sehr glücklich. Stolz konnte er den Eltern und seiner Schwester sein gemaltes Pferd zeigen. Sein Abenteuer war noch einmal gut ausgegangen. Vom Martinsbrot und dem Martinspunsch, die bei der anschließenden Feier gegessen und getrunken wurden, nahm er sich gleich zweimal. Durch die Aufregung hatte er Riesenhunger und -durst bekommen. Als er am Abend im Bett lag, dachte er kurz vor dem Einschlafen daran, wie er anderen helfen konnte, und er nahm sich ganz fest vor, ab morgen Petra im Kindergarten zu beschützen, wenn sie Angst hatte. Denn Angst zu haben war nicht lustig, das wusste Daniel jetzt. Diesen Laternenumzug würde er nie vergessen, und mit den Gedanken an seine Laterne und seinen Vorsatz schlief er spät an diesem Abend ein. Ich weiß nicht, ob ich es extra erwähnen muss: Aber Petra hat er nie wieder ausgelacht. ◄

Heidi Nehmeyer

Martinslieder –
Altbekanntes und Neues

Ich geh' mit meiner Laterne

Aus Holstein

1. Ich geh' mit mei - ner La - ter - ne und
   Da o - ben leuch - ten die Ster - ne, hier

mei - ne La - ter - ne mit mir. Ein Lich - ter - meer zu
un - ten leuch - ten wir:

Mar - tins Ehr! Ra - bim - mel - ra - bom - mel - ra - bum!

Die Zahl der Martinslieder, die nach Regionen und Sprachräumen unterschiedlich bekannt sind und gepflegt werden, ist kaum überschaubar. Wir haben für Ihre Kinder die schönsten zusammengestellt.

2. Ich geh' ...: Der Martinsmann, der zieht voran! Rabimmel ...

3. Ich geh' ...: Ich trag' mein Licht, ich fürcht' mich nicht! Rabimmel ...

4. Ich geh' ...: Mein Licht ist schön, könnt ihr es sehn! Rabimmel ...

5. Ich geh' ...: Wir leuchten heut, zu jeder Freud! Rabimmel ...

6. Ich geh' ...: Wenn jeder singt, wie schön das klingt! Rabimmel ...

7. Ich geh' ...: Ein Kuchenduft liegt in der Luft! Rabimmel ...

8. Ich geh' ...: Beschenkt uns heut, ihr lieben Leut! Rabimmel ...

9. Ich geh' ...: Laternenlicht, verlösch noch nicht! Rabimmel ...

10. Ich geh' ...: Mein Licht ist aus, wir gehn nach Haus! Rabimmel ...

Laterne, Laterne

Aus Norddeutschland

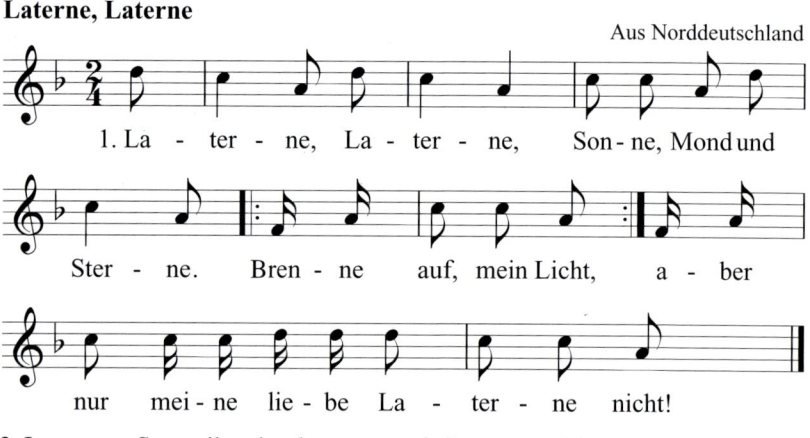

1. La - ter - ne, La - ter - ne, Son - ne, Mond und Ster - ne. Bren - ne auf, mein Licht, a - ber nur mei - ne lie - be La - ter - ne nicht!

2. Laterne ... Sperrt ihn ein, den Wind; er soll warten, bis wir zu Hause sind!

3. Laterne ... Bleibe hell, mein Licht; denn sonst strahlt meine liebe Laterne nicht.

Sankt Martin ritt durch Schnee und Wind

Vom Niederrhein

»Sankt Martin ritt durch Schnee und Wind« ist das am weitesten verbreitete Martinslied und bei Kindern sehr beliebt.

1. Sankt Mar - tin, Sankt Mar - tin, Sankt Mar - tin ritt durch Schnee und Wind, sein Ross, das trug ihn fort ge - schwind. Sankt Mar-tin ritt mit leich-tem Mut, sein Man-tel deckt ihn warm und gut.

2. Im Schnee saß, im Schnee saß, im Schnee, da saß ein armer Mann, hatt' Kleider nicht, hatt' Lumpen an. »O helft mir doch in meiner Not, sonst ist der bittre Frost mein Tod!«

3. Sankt Martin, Sankt Martin, Sankt Martin zieht die Zügel an, das Ross steht still beim armen Mann.

Sankt Martin mit dem Schwerte teilt den warmen Mantel unverweilt.

4. Sankt Martin, Sankt Martin, Sankt Martin gibt den halben still, der Bettler rasch ihm danken will. Sankt Martin aber ritt in Eil' hinweg mit seinem Mantelteil.

Ich bin ein kleiner König

Vom Niederrhein

Ich bin ein klei - ner Kö - nig:
Gebt mir nicht zu we - nig.

Lasst mich nicht so lan - ge stehn, denn ich muss noch wei - ter gehn!

Martin ist ein frommer Mann

Volkslied aus Thüringen

1. Mar - tin, Mar - tin, Mar - tin ist ein from - mer Mann.

Zün - det ihm die Lich - ter an, dass er's o - ben

se - hen kann, der viel Gu - tes hat ge - tan!

Dieses Lied aus Mittel-
deutschland eignet sich
sehr für einen Laternen-
umzug bei sternklarem
Himmel.

2. Martin, Martin, Martin ist
   ein lieber Mann.
   Stimmet ihm die Lieder an,
   dass er's droben hören kann,
   der viel Gutes hat getan!

35

Ich baue mir eine Laterne

T.: Rolf Krenzer
M.: Siegfried Fietz

1. Ich bau-e mir ei-ne La-ter-ne und geh in die Nacht hin-aus. Sie leuch-tet so weit in die Fer-ne. La-ter-nen-licht, lö-sche nicht aus!

2. Sag, hast du auch eine Laterne?
Komm mit in die Nacht hinaus.
Sie leuchtet so weit in die Ferne.
Laternenlicht, lösche nicht aus!

3. So geh ich mit meiner Laterne
und sing das Laternenlied.
Und alle, die folgen mir gerne.
So singen wir alle laut mit.

Aus: »100 einfache Lieder«, Rolf Krenzer (Hrsg.).
© Kaufmann und Kösel Verlag, Lahr und München

Sankt-Martins-Lied

T.: Rolf Krenzer
M.: Ludger Edelkötter

»Martin, Martin, guter Mann« thematisiert den Gegensatz von Arm und Reich und empfieht sich besonders für den Laternenumzug mit den Kindern.

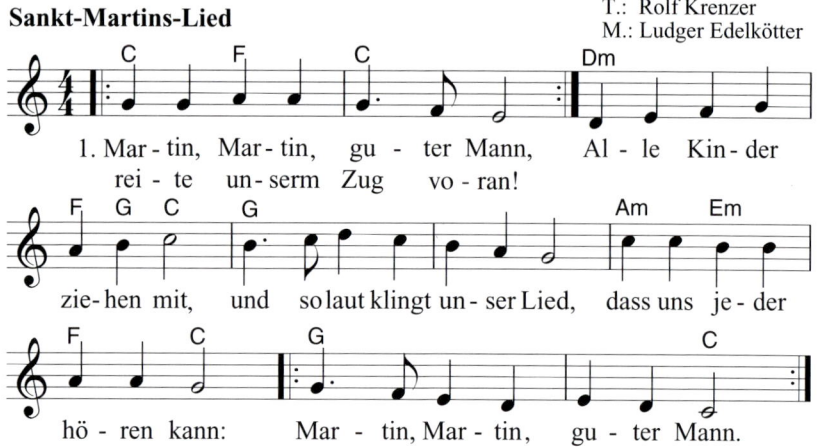

1. Mar-tin, Mar-tin, gu-ter Mann, Al-le Kin-der
rei-te un-serm Zug vo-ran!
zie-hen mit, und so laut klingt un-ser Lied, dass uns je-der hö-ren kann: Mar-tin, Mar-tin, gu-ter Mann.

2. Martin, Martin guter Mann,
reite unserm Zug voran!
In die dunkle Nacht hinein
leuchtet der Laternenschein,

dass uns jeder sehen kann:
Martin, Martin guter Mann.
Martin, Martin guter Mann.

3. Martin, Martin guter Mann,
   reite unserm Zug voran!
   Hilf, dass der, der reich und satt,
   mit dem teilt, der gar nichts hat,

   so wie du es einst getan:
   Martin, Martin guter Mann.
   Martin, Martin guter Mann.

Aus: »Wir feiern heut' ein Fest«, IMP 1022. © Impulse-Musikverlag, Drensteinfurt

Martin ist ein guter Mann

T. u. M.: Heidi Nehmeyer

1. Die Nacht ist kalt und fins-ter, kein Mensch will jetzt hi-naus. Ein ar-mer Mann weiß nicht, wo-hin, er hat ja kein Zu-haus. Doch als Mar-tin kommt hoch auf dem Pferd, er ist ein gu-ter Mann, da ruft der Bett-ler in der Not, ob er ihm hel-fen kann.

Das nebenstehende Lied erzählt mit schlichten Worten die wesentlichen Punkte der Martinslegende und stellt gleichzeitig den Bezug zum Laternenumzug her.

2. Der Bettler sieht so traurig aus, vor Kälte zittert er.
   Hat er nicht bald was Warmes an, vor dem Tod rettet nichts mehr.
   Doch als Martin kommt hoch auf dem Pferd, er ist ein guter Mann,
   da ruft der Bettler in der Not, ob er ihm helfen kann.

3. Sankt Martin holt den Mantel und schneidet ihn entzwei,
   die Hälfte nimmt der arme Mann, die Kälte geht vorbei.
   Sankt Martin rettet in der Not, er ist ein heil'ger Mann,
   drum denken wir noch heut an ihn mit Laternen in der Hand.

4. Der Martin teilt auch in der Not, es ist schon lange her,
doch es soll uns allen Beispiel sein, das Teilen ist nicht schwer.
Auch in unsrer Zeit gibt es Not und Leid, wir müssen es nur sehn,
deshalb ziehen mit unserem Licht, dann könnt ihr es verstehn.

Martinszeit

Dieses Martinslied bezieht über die Festlichkeiten und Gebräuche des Sankt-Martins-Tages hinaus auch die Jahreszeit und die Natur in das kindliche Erleben mit ein.

T. u. M.: Karin Erfurth

Ref.: Im - mer im No - vem - ber ist es so weit, dann ist

1.
Mar - tins - zeit, dann ist Mar - tins - zeit.

Al - le Kin - der ma - chen sich be - reit, für die

2.
Mar - tins - zeit, für die Mar - tins - zeit.

1. Ja und dann bas - teln wir die La - ter - nen

aus dem Pa - pier, aus dem Pa - pier.

Refrain: Immer im November ist es soweit ...
2. Mit den Laternen in der Hand, ziehen wir
durch das Land, durch das Land.
Refrain: Immer im November ist es soweit ...

3. Und wenn wir laufen durch die Nacht, seht
den Mond, wie er lacht, Mond, wie er lacht.

Martins Herz brennt voller Liebe

T.: Marina Palmen
M.: Hubertus Vorhelt

1. Mar - tins Herz brennt vol - ler Lie - be,
und wir tra - gen hin - ter - -her sei - ne Mar - tins- -
lich - ter wei - ter durch das dunk - le Häu - ser-meer.

2. Martin reitet bis zum Stadttor,
und wir tragen hinterher
seine Martinslichter weiter
durch das dunkle Häusermeer.

3. Martin bleibt beim Bettler stehen,
und wir tragen hinterher
seine Martinslichter weiter
durch das dunkle Häusermeer.

4. Martin teilt den warmen Mantel,
und wir tragen hinterher
seine Martinslichter weiter
durch das dunkle Häusermeer.

5. Martins Herz brennt voller Liebe,
und wir tragen hinterher
seine Martinslichter weiter
durch das dunkle Häusermeer.

Aus: »Was ich teilen kann«, Bausteine Kindergarten. © Bergmoser und Höller Verlag, Aachen

Dieses Lied stellt eine sehr enge Verbindung zwischen der Begegnung Martins mit dem Bettler und den Laternen tragenden Kindern her. Der zeitliche Abstand zwischen damals und heute ist aufgehoben: Die Kinder folgen – ganz umfassend – ihrem Vorbild Martin nach.

Laterne, ich sehe dein Licht

T. u. M.: Heidi Nehmeyer

1. La - ter - ne, ich se - he dein Licht.

La - ter - ne, ich fürch-te mich nicht. Zeig mir den

Weg in die Welt hi - naus, so ziehn wir von Haus zu

Haus, so ziehn wir von Haus zu Haus.

Das nebenstehende Lied stellt die Laternen tragenden Kinder in den Mittelpunkt und sucht von ihnen ausgehend den erlebnismäßigen Zugang zu Martin, wobei vor allem deren Schutzbedürftigkeit angesprochen wird.

2. Laterne, ich sehe dein Licht.
   Laterne, ich fürchte mich nicht.
   Wir teilen das Licht, damit Martin es sieht,
   und singen dazu unser Lied
   und singen dazu unser Lied.

3. Laterne, ich sehe dein Licht.
   Laterne, ich fürchte mich nicht.
   Leuchtest ganz hell in der dunklen Nacht.
   So gib auf uns alle Acht,
   so gib auf uns alle Acht.

Spielgeschichten

Die Martinsgeschichte – ein Theaterstück

Organisation: Für das Spiel werden insgesamt acht Personen benötigt: Erzähler (Martin als Erwachsener/Bischof), Martin als Kind, seine Eltern, ein Priester, Martin als Soldat, der Bettler und der Kaiser.

Material: Einfache Bekleidung der Mitspieler, wichtig jedoch für Martin ein Helm, ein Schwert – aus mit Silberfolie überzogenem Karton –, ein rotes Tuch als Mantel – zweiteilig, mit Druckknöpfen oder Klettband miteinander verbunden –, eventuell ein Steckenpferd. Der Bettler sollte ein zerrissenes Hemd tragen, der Kaiser eine Krone.

Hintergrundbilder: Die Kulissen werden auf große Kartons oder große Bettlaken aufgemalt.

1. Szene:	Neutraler Vorhang
2.+3. Szene:	Eine Stadt mit Kirche auf der rechten Seite
4. Szene:	Martins Elternhaus
5. Szene:	Stadttor, weißes Konfetti als Schnee rieseln lassen
6. Szene:	Neutraler Vorhang, buntes Transparentpapier vor eine Lampe halten und so die Bühne mit buntem Licht anstrahlen
7. Szene:	Stadt
8. Szene:	Martins Elternhaus
9. Szene:	Gänsestall
10. Szene:	Stadt mit prächtigem Bischofspalast
11. Szene:	Laternenzug

1. Szene *(Martin als Erwachsener in Soldatentracht. Hintergrundbild: Neutraler Vorhang.)*

Martin: Guten Tag miteinander! Wer ich bin, dürfte allgemein bekannt sein. Ja, mein Name ist Martin – eigentlich Martinus, benannt nach dem Kriegsgott Mars. Ich lebte vor sehr, sehr langer Zeit. Bestimmt ist es verwunderlich, warum ein Soldat zum Heiligen wurde und die Menschen noch heute nach 1600 Jahren an mich denken. Wie es dazu kam, das möchte ich euch heute erzählen! *(Abgang)*

2. Szene *(Martin als Kind. Hintergrundbild: Stadt mit Kirche.)*

Martin: Ich wurde vor mehr als 1600 Jahren in Ungarn geboren. Mein Vater war Soldat. Da sein größter Wunsch war, dass aus mir

Viele Martinstheaterstücke beschränken sich auf die Begegnung mit dem Bettler. Die im Folgenden dargestellte Martinsgeschichte versucht, seine Gestalt von der Kindheit bis zu seiner Amtszeit als Bischof in prägnant herausgearbeiteten Szenen facettenreicher zu erfassen.

Bereits als Kind hörte Martin von den Christen und ihrem Gott. Christen wurden damals kaum noch als Feinde des Römischen Reiches verfolgt, weil Kaiser Konstantin ihnen erlaubt hatte, ihre Religion auszuüben.

ebenfalls einmal ein großer und mutiger Kriegsmann werden sollte, gab er mir den Namen »Martinus«, das heißt »Krieger«. Und als Krieger wurde ich auch erzogen, ich lernte frühzeitig das Kämpfen und Reiten. Außerdem glaubten meine Eltern an Götter, sie erzählten mir viel darüber. Eines Tages wurde Vater nach Italien versetzt, und wir, meine Mutter und ich, gingen mit ihm. Es gefiel mir gut dort. In der Stadt, in der wir lebten, gab es eine Kirche. Die sah ich mir öfters von außen an, ich fühlte mich wohl in ihrer Nähe. Einmal, ich war gerade wieder in der Nähe und spielte, da kam plötzlich ein Gewitter, und ich schaffte es gerade noch, mich in die Kirche zu retten. *(Martin geht auf der Bühne zur Kirche.)* Als ich in der Kirche war, sah ich, dass viele Menschen anwesend waren. Sie erzählten von Gott und Jesus, und ich hörte zum ersten Mal davon. Auf diese Weise lernte ich den Priester kennen, und schon bald wurde er mein Freund.

3. Szene *(Martin und der Priester.)*

Martin: Erzähle mir doch noch mehr von Jesus! Hat er wirklich alle Menschen lieb gehabt? Auch die Diebe, die Menschen etwas wegnehmen, oder die bösen Menschen, die anderen Menschen weh tun? Hat er auch den Kranken geholfen oder den Armen, allen, die seine Hilfe brauchten?

Priester: Ja, Martinus, Jesus liebte die Menschen und half allen. Ich möchte dir eine Geschichte erzählen. Matthäus, einer der Freunde von Jesus, schrieb sie für uns auf: Die Geschichte heißt »Von der Liebe zu den Feinden« und steht in der Bibel, du kannst sie später nachlesen, wenn du willst.

Jesus sagte: »Ihr habt gehört, dass gesagt worden ist: Du sollst deinen Nächsten lieben und deinen Feind hassen. Ich aber sage euch: Liebt eure Feinde und betet für die, die euch verfolgen, damit ihr Söhne eures Vaters im Himmel werdet; denn er lässt seine Sonne aufgehen über Bösen und Guten, und er lässt regnen über Gerechte und Ungerechte. Wenn ihr nämlich nur die liebt, die euch lieben, welchen Lohn könnt ihr dafür erwarten? Tun das nicht auch die Zöllner? Und wenn ihr nur eure Brüder grüßt, was tut ihr damit Besonderes? Tun das nicht auch die Heiden? Ihr sollt also vollkommen sein, wie es auch euer himmlischer Vater ist.«

Martin: Ich war ganz fasziniert, mir gefielen die Geschichten so gut, aber mein Vater sah das nicht gerne. Ich denke, dass er Angst davor hatte, dass ich einmal kein Soldat werden würde. Eines Tages sprach er mich darauf an. *(Vater tritt auf.)*

Vater: Martinus, mein Sohn, ich denke, es ist jetzt an der Zeit, dass du uns verlässt und in die Schule der Armee gehst. Du bist 15 Jahre alt und darauf vorbereitet worden. Ich habe dich bereits angemeldet, und morgen wirst du abreisen!

Martin: Und ich gehorchte. Ich packte meine Sachen, verabschiedete mich von meinen Eltern und dem Priester, meinem Freund, und reiste ab.

4. Szene *(Martin als Soldat. Hintergrundbild: Elternhaus Martins.)*

Martin: Ich lernte das Kämpfen und das Reiten. Ich wurde ein guter Soldat, ich machte meinem Vater alle Ehre. Bald schon musste ich mit den anderen Soldaten nach Frankreich reiten. Ich

Das Römische Reich war damals von mehreren Seiten bedroht, vor allem von den Germanen. In einer solchen Situation musste für den Soldaten Martin das Gebot der Nächstenliebe, wie Jesus es gelehrt hatte, unweigerlich zu Problemen führen.

besuchte meine Eltern, da dies ein Abschied für lange Zeit wurde, und verabschiedete mich. *(Vater und Mutter treten auf.)*

Martin: Auf Wiedersehen, Mutter, pass auf dich auf. Sobald ich kann, werde ich wieder zu euch zurückkommen. Mache dir keine Sorgen um mich, mir wird nichts passieren! Auf Wiedersehen, Vater, nun bin ich das geworden, was schon immer dein sehnlichster Wunsch war – ein mächtiger und mutiger Soldat! Und so reite ich los nach Frankreich! *(Eltern und Martin nehmen sich in die Arme.)*

5. Szene *(Martin und der Bettler. Hintergrundbild: Stadttor, weißes Konfetti als Schnee herabrieseln lassen.)*

Martin: Bald kamen wir in eine Stadt. Ich freute mich schon auf ein warmes Zimmer und ein heißes Getränk. Es war sehr kalt, es schneite sogar schon. Wer nicht musste, ging ganz bestimmt nicht mehr hinaus auf die Straße!

Bettler: *(bewegt sich am Boden sitzend ein Stück auf die Bühne und ruft halblaut)*
Hilfe, helft mir doch!

Martin: Auf einmal sah ich auf dem Boden einen Mann kauern, der vor Kälte zitterte. Ich sah ihn mir genauer an. Dass er so gottserbärmlich fror, war kein Wunder. Er hatte nicht einmal einen Mantel an, und die Kleider, die er noch trug, waren schon ganz zerrissen.

Bettler: Hilfe, bitte helft mir! Ich habe kein Zuhause und friere bitterlich. Ich bin krank, und es ist heute besonders kalt. Wenn mir keiner hilft, werde ich die Nacht nicht überleben. Gebt mir bitte ein wenig ab, wenn Ihr habt. Nur ein wenig, ich habe schon keine Kraft mehr!

Martin: Ich holte meine Feldflasche heraus, gab sie dem Mann und sagte: »Hier, trink aus meiner Flasche, es wird dich ein wenig wärmen und stärken.«

Bettler: Ihr seid ein guter Mann! Schon den ganzen Tag sitze ich hier. Viele Menschen kamen vorbei, sahen mich kurz an und liefen weiter. Einige haben gleich die Straßenseite gewechselt und weggesehen. Sie sagten »Ich habe jetzt nichts dabei!« oder »Ich habe jetzt leider gar keine Zeit!«. Jetzt sitze ich schon so lange in der Kälte, dass ich völlig kraftlos bin. *(trinkt)* Habt Ihr

Um die Größe der Tat Martins ganz zu verstehen, muss man sich bildhaft vorstellen, in welcher Lage er sich befand: Es herrschte Krieg, er war den ganzen Tag geritten, hundemüde und selbst bis auf die Knochen durchfroren.

vielleicht auch noch eine Decke übrig für mich, damit ich mich zudecken kann?

Martin: Ich überlegte, was ich ihm geben könnte, eine Decke hatte ich nicht, ich hatte nur meinen weiten Soldatenmantel an. Kurz entschlossen zog ich ihn aus, nahm mein Schwert und hieb ihn mittendurch. *(Er nimmt das Schwert und teilt den präparierten Mantel.)* Zum Glück war der Mantel eines Soldaten damals sehr weit und sehr groß. Die eine Hälfte legte ich dem Bettler um die Schultern, die andere Hälfte legte ich selbst wieder um, damit ich mich vor der Kälte ebenfalls schützen konnte. Der arme Mann wollte sich noch bei mir bedanken, aber ich ging schon weiter. Als ich mich noch einmal umdrehte, sah ich nur kurz sein freudiges und dankbares Lächeln, während er den Mantel ganz eng um seinen Körper wickelte.

6. Szene *(Martins Traum. Hintergrundbild: Bühne mit buntem Licht anstrahlen, Transparentpapier vor eine Lampe halten.)*

Martin: *(liegt und schläft)* In dieser Nacht hatte ich einen besonderen Traum: Eine Stimme sagte zu mir: »Martin, du hast mir heute geholfen.« Ich sah Jesus im Traum, und er hatte die Mantelhälfte in der Hand, die ich dem Bettler gegeben hatte. Er sagte: *(anderer Sprecher)* »Was du einem armen Menschen Gutes tust, das tust du für mich!« Da war ich sehr glücklich, und ich wusste am nächsten Morgen, was ich zu tun hatte!

7. Szene *(Martin und der Kaiser. Hintergrundbild: Eine Stadt.)*

Martin: Der Kaiser kam zu Besuch in die Stadt. Ich trat vor ihn hin und sprach: »Ich bin Martinus, der Sohn eines Tribuns aus Pavia. Ich war bis jetzt ein guter und treuer Soldat, aber ich weiß, dass jetzt meine Zeit gekommen ist, um die Armee zu verlassen. Ich muss aus dem Heer ausscheiden. Ich wurde berufen, den Menschen zu helfen. Ab heute werde ich Gott dienen!«

Kaiser: Die Germanen kommen in unser Land und überfallen mein Reich! Sie bedrohen unser Volk. Wir müssen in den Krieg ziehen, und du sagst, du möchtest aus dem Heer des Kaisers austreten? Gerade jetzt? Ich sage dir, Martinus, du hast nur Angst! Du bist ein Angsthase, ja, ein ganz feiger noch dazu! Du willst der Sohn eines Tribuns sein? Du bist eine Schande für deinen Vater und auch für mich und die Armee!

Dass Jesus Christus Menschen im Traum erscheint, zu ihnen spricht und ihnen den Weg weist oder sich ihnen in einer vergleichbaren Form mitteilt, diese Erfahrung hatten auch schon Menschen vor Martin gemacht: etwa Paulus oder der römische Kaiser Konstantin.

Martin:	Ich habe keine Angst, Kaiser, vor niemandem! Wenn du befiehlst, dann ziehe ich in den Kampf. Sogar ohne Schwert und Helm, denn ich will nicht und werde nie wieder einen Menschen töten! Aber nach dem Kampf verlasse ich das Heer und ziehe fort!
Kaiser:	So geschehe es, morgen gehst du in den Kampf, so wie du sagtest – ohne Helm und ohne Schwert –, und wenn du überlebst, dann lasse ich dich gehen. Aber damit du nicht fliehst, lasse ich dich heute Nacht in das Gefängnis bringen. Du wirst darin bleiben, bis der Kampf beginnt!
Martin:	So wurde ich ins Gefängnis gebracht. Am folgenden Tag haben die Germanen aufgegeben und sind aus dem Land abgezogen. Der Kaiser musste mich daraufhin gehen lassen. Er hatte mir ja sein Wort gegeben.

Die Geschichte der »Bekehrungserlebnisse« von Christen hat immer wieder gezeigt, dass die Mutter dem Sinneswandel ihres Sohnes weit positiver gegenüberstand als der Vater, der sich oft enttäuscht zeigte oder ablehnend verhielt.

8. Szene *(Martin und seine Eltern. Hintergrundbild: Martins Elternhaus.)*

Martin:	Ich reiste zurück zu meinen Eltern. Meine Mutter war sehr froh, mich zu sehen. Glücklich nahm sie mich in ihre Arme. »Mutter, ich bin aus der Armee ausgeschieden. Ich bin nun kein Soldat mehr und werde nie mehr kämpfen. Ich werde ab jetzt Gott dienen und den Menschen helfen.«
Mutter:	Ich bin froh darüber, Martinus. Ich hatte sehr große Angst um dich. Aber was heißt das – »du willst Gott dienen«? Ich habe noch nie davon gehört. Wer ist Gott?
Martin:	Ich erzählte ihr die Geschichten über Gott und über Jesus, die ich von meinem Freund, dem Priester, als Kind gehört hatte. Außerdem erzählte ich ihr von meiner Begegnung mit dem Bettler und meinem anschließenden Traum, in dem ich die Stimme von Jesus gehört hatte. Meine Mutter war genauso fasziniert wie ich damals, und einige Zeit später ließ sie sich ebenfalls taufen. Als ich meinem Vater sagte: »Vater, sei nicht böse mit mir, aber ich bin kein Soldat mehr, ich habe dem Kaiser mein Schwert zurückgegeben«, da wurde er sehr böse.
Vater:	Ich habe mir eigentlich immer gewünscht, dass mein Sohn ein mächtiger und stolzer Soldat wird, so wie ich. Eines Tages wärst du vielleicht ebenfalls Tribun geworden. Du hast mich sehr enttäuscht, so sehr, dass ich dich hier nicht mehr sehen will. Geh fort von hier!

Martin: So zog ich erneut fort von meinen Eltern, betete viel zu Gott, las in der Bibel, um noch mehr über Gott zu erfahren, und reiste nach Frankreich. Ich lebte lange dort und erzählte vielen Menschen, die so wie meine Mutter noch nichts gehört hatten, von Gott. Ich war glücklich und zufrieden. Immer mehr Menschen kannten mich. Eines Tages starb der Bischof von Tours, und die Menschen dort suchten einen neuen Bischof. Ich kann nicht sagen, warum und wie sie auf mich kamen. Aber jemand erzählte mir, dass sie zu mir kommen würden und mich zu ihrem Bischof machen wollten. Könnt ihr mich verstehen? Da hatte ich plötzlich Angst. Ja, ich wollte den Menschen helfen und sie lieben, aber doch nicht als Bischof! Ich wusste nicht, ob ich dieser Aufgabe gewachsen wäre. Ein Bischof lebt in einem prächtigen Palast und empfängt viele Leute. Ich musste schnell weg von hier. So überlegte ich mir blitzschnell ein Versteck, und das Beste, was mir in diesem Moment gerade einfiel, war ein ...

9. Szene *(Martin zwischen den Gänsen im Gänsestall. Hintergrundbild: Gänsestall.)*

Martin: ... Stall! Ich machte mich ganz klein und kroch hinein. Ich war mucksmäuschenstill und wartete. So lange wollte ich mich in

Der Brauch, an Sankt Martin eine Gans zu verspeisen, steht auch in Zusammenhang mit dem Martinstag als Zins- und Lohntag für Knechte und Mägde. Da ging es allen gut, sie hatten etwas Geld, und das wollten sie mit einem Festschmaus feiern.

dem Stall verstecken, bis die Luft wieder rein war und die Leute fortgegangen waren. Doch plötzlich ging ein Geschrei los. Die Gänse schnatterten ganz laut, und ich hörte die Menschen rufen: »Was ist denn heute im Gänsestall los? Lasst uns schnell einmal nachsehen. Vielleicht ist ein Fuchs in den Gänsestall eingebrochen und will unsere Gänse fressen?!« Ein Mann kroch in den Stall, wo ich mich versteckt hatte. Er rief: »Kommt her, ich habe keinen Fuchs hier im Stall gesehen. Nein, es ist unser Martin, den wir schon überall suchen. Der will bestimmt keine Gänse stehlen. Ha, ha, ja, lieber Martin, die Gänse haben dich und dein Versteck verraten. Kommt her, der neue Bischof lebe hoch!« Sie zogen mich heraus, nahmen mich in ihre Mitte und riefen alle zusammen: »Hurra, der neue Bischof. Er lebe hoch, hoch, hoch!«

Im Gegensatz zu heute wurden in den ersten Jahrhunderten des Christentums die Bischöfe oft noch von den einfachen Mitgliedern der Gemeinde bestimmt. Dass auch dies Probleme mit sich bringen kann, zeigt die Episode »Martin im Gänsestall« auf amüsante Weise.

10. Szene
Martin:

(Martin als Bischof. Hintergrundbild: Stadt mit Bischofspalast.)
Ich versuchte noch, sie zu überzeugen. Aber ich schaffte es nicht, und so wurde ich, was ich bis zu meinem Tode blieb: Bischof von Tours. Nur eines schafften sie nicht: Ich zog nicht in den Bischofspalast, der sehr prunkvoll war! Nein, ich lebte genauso wie zuvor, in einem einfachen Haus, in einem Kloster. Viele Menschen kamen nach wie vor zu mir. Ich erzählte ihnen von Gott und Jesus. Ich half den Menschen, die meine Hilfe nötig hatten: Kranken und armen Menschen. Ich wurde sehr alt, über 80 Jahre, das war damals ein sehr hohes Alter. Nachdem ich gestorben war – ich war gerade auf einer Reise gewesen –, brachte man mich nach Tours zurück. Viele Menschen beten seitdem zu mir als ihrem Schutzheiligen: Soldaten, Hirten, Müller, Tuchhändler, Schneider und auch Winzer.

11. Szene

(Schluss. Hintergrundbild: Ein Laternenzug – eine angezündete Laterne hinhalten.)

Martin:

Bis heute, bis in unsere Tage ziehen die Kinder, so wie ihr jetzt, jedes Jahr am 11. November mit leuchtenden bunten Laternen von Haus zu Haus, um die Menschen daran zu erinnern: Helft euch gegenseitig. Gebt dem anderen ein wenig Wärme, Licht und Hoffnung ab. Seid Licht, seid Hoffnung füreinander im Dunkeln, da, wo sich Menschen gegenseitig brauchen und auf Hilfe angewiesen sind.

Die Martinsgeschichte als Puppenspiel

Höhepunkt einer Martinsfeier kann auch ein Puppenspiel sein. Das erfordert allerdings eine Menge an Vorbereitungsarbeiten. Dennoch sind die Kleinen mit großem Engagement dabei, lassen Sie also ihrer Kreativität freien Lauf! Setzen Sie auch die Eltern ein – eine schöne Gelegenheit, sich untereinander kennen zu lernen. Die meiste Zeit der Vorbereitung verschlingt die Herstellung der Puppen.

Wie die Puppen entstehen

Material: Luftballons, Zeitungspapier, weißes Papier, Styropor, Wasserfarben, Stoffreste, Watte, Hanfseil, Kleister, Klebeband, Styroporkleber, Holzstäbe, Cutter, Nähzeug, Pinsel.

Anleitung: Für die Puppenköpfe werden aufgeblasene Luftballons mit mehreren Lagen Zeitungspapier und Kleister überzogen. Danach können Nase, Mund, Augenhöhlen und Ohren mit Pappmaché herausgebildet werden. Die letzte Schicht sollte mit weißem Papier überzogen werden, damit das Gesicht bemalt werden kann.

Nach dem Trocknen Gesicht bemalen und Haare aus Wolle aufkleben. In den fertigen Kopf (an der Unterseite ein etwa 5 cm großes, rundes Loch ausschneiden) einen Holzstab einführen und den Kopf mit Klebebändern festkleben sowie mit weißem Papier überziehen und bemalen.

Die Hände bestehen aus Styropor, das mit einem Styroporschneider (Laubsäge, scharfer Cutter) bearbeitet wird. Jetzt die Finger ausschneiden (Stabpuppen besitzen nur vier Finger, damit die Hände nicht zu groß und wuchtig erscheinen). Die Finger mit weißem Papier überkleben und bemalen. Danach die einzelnen Teile zusammenkleben. Beim Kleber darauf achten, dass er für das Material geeignet ist, da ein aggressiver Stoff das Styropor zersetzt. Mit einem Hanfseil, das am Hals festgebunden wird, die Hände am Körper befestigen. Ein Loch in die Handfläche bohren und einen Führungsstab (ein dünnes Rundholz) festkleben. Dann ein Kostüm nähen und es der Puppe anziehen.

Die Inszenierung eines Puppenspiels ist mit umfangreichen Vorbereitungsarbeiten verbunden. Hier können die Eltern mithelfen, und die ungebremste Phantasie der Kleinen tut ein Übriges, Hindernisse zu überwinden.

Kulissenarbeit

Verschiedene Kulissen machen das Spiel besonders reizvoll. Dazu bemalt die Gruppe vier Leintücher oder große Papierstücke. Benötigt werden eine Stadt, eine Kirche, ein Stall mit Gänsen, ein Laternenumzug mit Kindern. Die Kulissen in der Reihenfolge der Geschichte übereinander legen und die oberen Enden auf einer Latte mit kleinen Nägeln befestigen. Während der Geschichte die einzelnen Bilder nach hinten schlagen, so lässt sich die Kulisse ohne Unterbrechung des Spiels leicht verändern.

Aus Karton eine Kirche und ein paar Bäume ausschneiden und bemalen, sie beleben die einzelnen Bilder zusätzlich. Als Bühne eignet sich ein großer Raum, z.B. eine Turnhalle. Dort ein Podest für die Spielfläche aufstellen und entsprechend große Tücher von einer Wand zur gegenüberliegenden spannen. Bitte auf eine entsprechende Höhe achten, damit die Spieler unsichtbar bleiben und die Puppen noch nicht oben an der Decke hängen bleiben. Die Geschichte kann mit Orff-Instrumenten oder Musikstücken untermalt werden, das erhöht den Reiz der Aufführung.

Leintücher, Pappe, Papier, Holzleisten und Nägel sind die wichtigsten Materialien, um ein Bühnenbild anzufertigen. Die Untermalung der Handlung mit Orff-Instrumenten weckt darüber hinaus die musikalischen Geister.

So spielen Sie richtig mit Stabpuppen

Viele halten zum ersten Mal eine Puppe in der Hand und erfüllen sie mit Leben. Damit das Stück ein Erfolg wird, sollte das richtige Führen der »Darsteller« gleich bei der ersten Probe geübt werden.

● Die Puppe tritt stets aus der Kulisse heraus auf die Bühne. Sie darf nicht von unten kommen. Ebenso wie Menschen, die auch nicht plötzlich aus dem Fußboden heraustreten, marschiert die Puppe sozusagen zur Tür herein. Nur Geister, Zauberwesen und Feen dürfen von unten her erscheinen. Von oben kann – schon aus technischen Gründen – keine Puppe auftauchen.

● Die Puppen sollten nicht fächerartig erscheinen. Dieser Eindruck entsteht, wenn ein Spieler zwei Puppen gleichzeitig und die Bewegungen seitwärts von unten nach oben führt. Ebenso ist es mit dem Abgang der Puppen: Sie wandern auch nicht nach unten ab, sondern verlassen die Bühne wiederum seitlich gehend bis hinter den Vorhang (ein Verschwinden nach unten bleibt ebenfalls den übernatürlichen Wesen vorbehalten).

● Die Puppe muss immer aufrecht stehen. Sie darf nicht nach hinten, nach vorne oder einer beliebigen Seite kippen. Sonst steht die Puppe schief, und das lenkt ab.

● Spricht eine Puppe, so sieht sie das Publikum dabei an. Da eine Bühne meist erhöht ist, beugt sich die Figur leicht nach vorne, da sie sonst über die

Zuschauer hinwegsieht. Dann ist nicht mehr glaubhaft, dass die Puppe das Publikum anspricht. Wenn zwei Puppen miteinander sprechen, dann sehen sie sich an. Aber nur die Puppe, die spricht, bewegt sich. Die andere Puppe bewegt sich nur insofern, als die Anteilnahme am Gesprochenen erkennbar wird.

● Es gilt: Je sparsamer eine Puppe bewegt wird, umso lebendiger wirkt sie auf den Zuschauer. Übertriebenes Zappeln und unnötige Bewegungen ergeben ein unruhiges Bild und überfordern nach einiger Zeit den Zuschauer. Beim Neinsagen wird die ganze Figur geschüttelt. Wird diese Bewegung nicht übertrieben, bleibt der Eindruck, dass die Puppe nur den Kopf schüttelt.

● Die Hände bleiben nicht immer ausgebreitet. Wir Menschen stehen auch nicht fortwährend mit ausgebreiteten Armen.

● Soll die Puppe gehen, bleibt der Spieler nicht stehen und bewegt nur die Figur hin und her. In so einem Fall wird die Puppe einmal größer und einmal kleiner, da die Reichweite der Arme sehr beschränkt ist. Der Spieler geht darum jeden Schritt mit, den auch die Puppe zu gehen hat. Hinkt die Figur, so hinkt auch der Spieler usw. So, wie sich die Puppe zu bewegen hat, verhält sich auch der Spieler. Allerdings muss er jeden Schritt und jede Bewegung verkleinern auf Puppengröße, da sonst die Figur in Riesensprüngen über die Bühne hastet. Etwas schwieriger wird es bei der Führung von zwei Puppen. Dann kann der Spieler natürlich nicht knicksen, da sonst beide Figuren diese Bewegung ausführen.

● Das Spielen mit zwei Puppen erfordert einiges Geschick, kann aber rechtzeitig geübt werden. Hände und Beine sollten sich unterschiedlich bewegen. Will ein Spieler zwei Puppen von verschiedenen Seiten auftreten lassen, so kommt er zuerst mit einer Puppe von einer Seite, geht bis zur Bühnenmitte und lässt dann mit der anderen Hand die zweite Puppe erscheinen. Dieselbe Technik ist anzuwenden beim Abgang oder Wechsel einer Puppe.

● Eine Puppe geht immer vorwärts, außer wenn es ihr Auftritt anders verlangt. Soll eine Puppe wieder auf der Seite abgehen, von der sie kam, so dreht sich die ganze Figur um und geht.

● Soll eine Puppe schlafen, so dreht sie das Gesicht vom Publikum weg, wenn sie auf der Spielfläche liegt. Sonst stört der Anblick der offenen Augen den Zuschauer.

Vieles muss beachtet werden, um den Figuren Leben zu geben, alles wird nicht von Anfang an klappen, aber: Übung macht den Meister!

Das Spielen mit Puppen verlangt Geschick und Übung. Nebenstehend finden Sie ein paar Tipps, wie man die Puppen so bewegt und führt, dass ihre Handlungen »glaubwürdig« wirken.

Die Martinsgeschichte als Schattenspiel

Das Leben des Martin als Schattenspiel zu präsentieren setzt einiges an Geschick und Erfahrung bei den Kindern voraus. Die Kleinen sollten diese Form der Aufführung bereits geübt haben.

Wie das Schattentheater gebaut wird

Material: Wäscheleine, Wäscheklammern, ein Bettlaken, starke Büro- oder Arbeitslampe, Hintergrundbilder aus Pappe geschnitten, Helm, Schwert, Mantel, Pferd (siehe hierzu Seite 71).

Anleitung: Eine Leine zwischen Regalen, Schränken oder Türen spannen, mit den Wäscheklammern das Bettlaken darüber befestigen. Das Tuch sollte einigermaßen gerade hängen und auch unten festgehalten sein. Je straffer das Laken, desto schärfer das Bild. Wichtig ist, dass beim Spiel selbst gebastelte Schattenfiguren zum Einsatz kommen. Die Lampe wird hinter die Wand gestellt, der richtige Abstand sollte rechtzeitig vor Aufführungsbeginn ermittelt werden.

Das Licht fällt auf das weiße Tuch. Dazwischen halten die Mitwirkenden die Figuren. Die Jungen und Mädchen, die vorher über die ganze Geschichte genauestens informiert wurden, stellen auch die Kulissen selbst her, beispielsweise aus steifer Pappe. Daraus werden die unbeweglichen Teile wie die Stadt oder der Wald ausgeschnitten und am Tuch befestigt.

Die Schattenfiguren werden von den Kindern selbst gebastelt. Hauptsächlich ist darauf zu achten, dass das Bettlaken straff gespannt ist und der richtige Abstand der Lampe vor Aufführungsbeginn eingestellt wird.

Wie Christian und Mohammed gemeinsam zum Laternenumzug gingen

In dieser Geschichte geht es auch um das Teilen. Sie spielt in der heutigen Zeit und beschäftigt sich mit Intoleranz, Ausländerfeindlichkeit und der verbreiteten Angst vor neuen Herausforderungen.

Die Handlung ist daher eher für ältere Kinder geeignet. Wichtig dabei ist, dass der Erzähler Blickkontakt zu den Jungen und Mädchen hält, um auf eventuelle Fragen sofort reagieren zu können. Wie die Martinslegende kann auch dieses Stück als Puppen-, Schatten- oder Rollenspiel aufgeführt werden.

Organisation: Ein Vorleser, Kinder als Darsteller: Christian, Mohammed (ein Kind mit dunkler Hautfarbe), die Mütter von Mohammed und Christian (diese beiden Figuren haben eine helle Hautfarbe)

Kulissen: Ein Hinterhof, im Hintergrund ein Hochhaus; ein Treppenhaus mit Eingangstüren auf jeder Seite, ein Laternenumzug

Requisiten: Eine Laterne, eine kaputte Laterne, ein Taschentuch, eine Tafel Schokolade

Das nebenstehende Rollenspiel mit einem »Farbigen« als Darsteller, in dem es um das Thema »Teilen« geht, ist geeignet, Vorurteile gegen Ausländer abzubauen bzw. Ausländerfeindlichkeit unter Kindern vorzubeugen.

Erzähler:	*(tritt vor die Bühne und erzählt den Kindern)* Ich möchte euch eine Geschichte erzählen. Die Geschichte handelt von zwei Jungen: Christian und Mohammed. Beide sind fünf Jahre alt und wohnen mit ihren Eltern in einem Hochhaus mitten in der Stadt. Mohammed ist erst vor kurzem hier eingezogen. Christian wohnt schon länger in dem Haus. Wir wollen die beiden einmal beim Spielen beobachten, sie spielen öfter auf dem Hinterhof des Hauses, aber nie miteinander. »Warum nicht?«, wollt ihr wissen: Ihr werdet es gleich sehen!
1. Szene	*(Mohammed spielt auf der linken Seite der Bühne, Christian auf der rechten Seite. Hintergrundbild: Hinterhof.)*
Christian:	Was spielst du da für ein Spiel? *(Mohammed gibt keine Antwort.)* Du kannst mich wohl nicht verstehen? Du sprichst wohl gar kein Deutsch? *(Mohammed reagiert nicht.)*
Christian:	*(ganz langsam, gedehnt)* Wie ist dein Name? Wie du heißen? *(Pause)* O Mann! Das hat Herr Kruse, unser Nachbar, auch neulich gesagt: »Also diese Ausländer, da kommen die alle her zu uns und sprechen nicht einmal unsere Sprache!« Wie du auch aussiehst, so schwarz, hast dich wohl schon lange nicht

mehr gewaschen? Iiiiih. Meine Mama sagt, ich muss mich jeden Abend vor dem Schlafengehen und jeden Morgen gründlich waschen! Du wohl nicht? Hey, jetzt rede mal mit mir, du kleiner schwarzer Neger!

Mohammed: *(ärgerlich)* Geh weg und lass mich in Ruhe! *(Er macht einen Schritt auf Christian zu und hebt die Arme. Darauf rennt Christian schreiend davon.)*

Christian: Mama, Hilfe, der Neger will mich hauen!

Erzähler: *(tritt wieder vor die Bühne)* So, jetzt haben wir gesehen, warum die beiden nicht miteinander spielen. Das ist schon eine dumme Sache, der Christian schnappt Worte von dem erwachsenen Nachbarn auf und gibt sie einfach, ohne zu überlegen, weiter. Weiß er wohl nicht, wie verletzend es sein kann, wenn er zu Mohammed sagt »Du musst dich wohl nie waschen«? Ist denn die Haut von Mohammed wirklich so dunkel? *(Der Erzähler wartet die Antworten der Kinder ab und bespricht sie mit ihnen.)*

2. Szene *(Christian bei seiner Mutter.)*

Christian: Mami, stell dir vor, der Junge, der jetzt nebenan wohnt, der wollte mich verprügeln. Der rannte auf mich zu und wollte mich schlagen, einfach so, wirklich!

Mutter: Habt ihr denn miteinander gesprochen? Was hast du denn zu ihm gesagt?

Christian: Ach, der hat mich doch sowieso nicht verstanden. Ich habe nur gefragt, was er da spielt und wie er heißt. Aber der hat mir ja keine Antwort gegeben, der spricht ja nicht mal unsere Sprache. Na ja, dann habe ich das gesagt, was Herr Kruse auch schon gesagt hat: »Da kommen die ganzen Ausländer zu uns und sprechen kein Deutsch.« Na, und weil er so schwarz ist, hab ich ihn nur noch gefragt, ob er sich nicht jeden Tag waschen muss, so wie ich! Aber Ehrenwort, Mama, mehr habe ich nicht gesagt, und dann ist er einfach auf mich losgegangen!

Mutter: Komm her, Christian, jetzt muss ich dir einmal etwas sehr Wichtiges erzählen. Der Mohammed, ja, der kommt aus einem anderen Land, nämlich aus Somalia. Er war noch ganz klein, da sind seine Eltern gestorben. Wie, das weiß keiner. Auf jeden Fall hat ihn Familie Meier schon als Baby adoptiert. Er spricht genauso gut Deutsch wie wir alle. Und dass er eine dunklere Hautfarbe hat, liegt daran, dass die Menschen in Somalia alle sehr dunkel sind. Das liegt an dem heißen Wetter, das ist der Schutz der Haut, damit sie nicht so schnell einen Sonnenbrand bekommt. Bei uns ist es nicht so heiß, deshalb sind wir heller. *(Christian senkt den Kopf.)* Vielleicht kannst du das, was du zu Mohammed gesagt hast, bei eurem nächsten Treffen wieder gutmachen. Und auf solche Dinge, die Herr Kruse sagt, hörst du besser nicht mehr und sprichst erst mit mir darüber, das war nämlich auch nicht richtig von ihm. Wenn wir nach Italien fahren, dann können wir auch nicht Italienisch sprechen, oder? Vielleicht hat Mohammed mit dir nur nicht gleich gesprochen, weil er sehr schüchtern ist?

Christian: Das habe ich doch nicht gewusst, das tut mir sehr Leid. Wenn ich Mohammed das nächste Mal sehe, werde ich mich entschuldigen, dann sage ich ihm, dass es mir Leid tut! Ganz bestimmt!

Erzähler: Aber leider war das nicht sehr einfach. Denn Mohammed war wirklich sehr verletzt über die Worte. Schon oft hatte er sich selbst Gedanken darüber gemacht, warum er der Einzige war, der viel dunklere Haut hatte. Seine Mutter hatte es ihm auch erklärt, aber das zu verstehen war für ihn nicht so einfach. Als er das nächste Mal in den Hof zum Spielen gehen wollte, sah er, dass Christian schon dort war, und da drehte er sich einfach um. So passierte es, dass sich Christian und Mohammed längere Zeit nicht mehr sahen, obwohl Christian es sich sehr gewünscht hätte. Was würdet ihr vorschlagen, was die beiden tun könnten? *(An dieser Stelle werden Lösungsvorschläge der Kinder aufgegriffen und besprochen.)*

Erzähler: Nun, wir wollen einmal sehen, wie die Geschichte weitergeht. Ich weiß, dass im Kindergarten, in den Christian geht, bald ein Laternenumzug gemacht wird. Im Kindergarten von Mohammed ist es nicht anders. Beide sind mit ihren Laternen beschäftigt und freuen sich schon riesig darauf. Dann ist der große Tag da! Christian hat beschlossen, da er so viel vom Teilen im Kindergarten hörte, dass er eine Tafel Schokolade mit Mohammed teilen würde. Es tat ihm auch nicht besonders weh, eine Hälfte

In der Rolle eines Kindes mit dunklerer Hautfarbe kann dieses sich mit der Gefühlswelt des »Anderen«, vielleicht sogar des Außenseiters bekannt machen, um so aus dem eigenen Erleben Verständnis und Anteilnahme zu entwickeln.

wegzugeben, denn Gummibärchen aß er noch lieber. Da er Mohammed aber schon lange nicht mehr gesehen hatte, nahm er seinen Mut zusammen und beschloss, zu ihm zu gehen.

3. Szene *(Hintergrundbild: Im Treppenhaus. Christian tritt auf die Bühne und läuft zur Tür. Er klingelt – ein Klingelgeräusch ...)*

Mohammed: *(kommt zur Tür heraus, ganz aufgeregt)* Was willst denn du hier? Geh weg und lass mich in Ruhe, ich mag dich nicht!

Christian: Du, ich möchte mich aber bei dir entschuldigen. Es tut mir Leid, dass ich zu dir gesagt habe, ob du dich nie wäschst. *(ganz betreten)* Entschuldigung! *(Er zieht seine mitgebrachte Tafel Schokolade hinter dem Rücken aus der Hosentasche hervor.)* Schau, die habe ich mitgebracht, die können wir zusammen essen, jeder die Hälfte! *(Das Papier ist leicht angerissen, und die Schokolade etwas krumm durch die Wärme der Hosentasche.)*

Mohammed: Die will ich nicht, die kannst du selber essen. Die schaut schon hässlich und alt aus. Da hat meine Mami viel bessere für mich. Du kannst die Schokolade auch wegwerfen. Hau ab! *(Mohammed lässt Christian einfach stehen. Der atmet schwer, lässt den Kopf sinken.)*

Christian: *(zu den Kindern)* Das mit dem Mantel teilen, so wie wir das im Kindergarten besprochen haben, das war viel einfacher. Der Bettler war so froh über den Mantel! *(geht ab)*

Erzähler: So einfach, wie Christian sich das wohl vorgestellt hat, geht es also nicht. Mohammed ist immer noch ganz schön sauer auf den Christian. Sehen wir mal, wie es weitergeht. Ich glaube, ich kann schon hören, wie Christian die Tür aufmacht, der will doch heute zum Laternenumzug gehen.

4. Szene *(Hintergrundbild: Im Treppenhaus. Christian kommt heraus, bekleidet mit einer Mütze und einem Schal, eine Laterne in der Hand.)*

Christians Mutter: *(aus dem Hintergrund)* Christian, warte auf mich vor der Tür, das Telefon läutet, ich muss noch hingehen. Warte ja auf mich im Treppenhaus.

Christian: Ja, Mama, aber mach schnell! *(Während Christian ungeduldig wartet, hört er durch das offene Flurfenster Stimmen.)* Na, du kleiner Negerjunge, was machst du denn da? Schau mal, den

Dass eine Kränkung oder Beleidigung nicht immer mit einer Geste der Entschuldigung oder einer materiellen »Entschädigung« aus der Welt zu schaffen ist, sondern manchmal des beharrlichen Willens zur Versöhnung bedarf, um (wieder) Vertrauen zu gewinnen, wird in dieser Szene angedeutet.

sieht man ganz schlecht in der Nacht! *(Dann hört Christian Mohammed schreien, und er hört das Platzen einer Laterne – eine aufgeblasene Papiertüte platzen lassen –, er rennt in die Wohnung zurück, um seine Mutter zu holen, die helfen soll. In dem Moment erscheint Mohammed auf der Bühne, mit einer kaputten Laterne in der Hand, weinend.)*

Mohammeds Mutter: *(tritt aus der Tür.)* Mohammed, ich komme schon, du hast etwas warten müssen, aber jetzt bin ich fertig. Um Gottes willen, warum weinst du denn, was ist passiert?

Mohammed: Ich will nicht mehr zum Laternenumzug. Ich mag überhaupt nicht mehr aus dem Haus. Nie wieder! *(schluchzend)* Keiner mag mich, nur weil ich dunkle Haut habe! *(In diesem Moment kommt ein aufgeregter Christian aus der Tür.)*

Christian: Frau Meier, ich habe alles mit angehört. Da waren fremde Kinder und haben den Mohammed geärgert. Die waren böse zu ihm. *(Er stutzt.)* Was ist mit deiner Laterne?

Mohammed: *(ärgerlich)* Die habe ich selber kaputtgemacht, ich will nicht mehr fort!

Mohammeds Mutter: Aber Mohammed, du hast dich doch so auf den Umzug gefreut. Alle Kinder in der Stadt sind unterwegs mit ihren Laternen!

Mohammed: *(weint)* Ich weiß, aber ich habe keinen Freund, und meine Laterne ist auch kaputt!

Erzähler: Christian denkt nach. Eine Tafel Schokolade zu teilen, das ist einfach. Doch seine selbst gebastelte Laterne! Aber haben sie nicht im Kindergarten darüber gesprochen, dass Teilen nicht immer einfach ist? Und hat es ihm nicht auch Leid getan, dass er so gemein zu Mohammed war? Eigentlich hätte er ihn ja gerne zum Freund. Der konnte nämlich auch sehr lustig sein, das hatte er schon einmal im Hof beobachtet. Er fasst sich ein Herz.

Christian: Wie wäre es, wenn wir zusammen zum Laternenumzug gehen würden? Ich könnte meine Laterne mit dir teilen, wir tragen sie einfach gemeinsam. Hast du Lust? Ich glaube, ich wäre gerne dein Freund!

Mohammed: *(zögert, überlegt, dann lächelnd)* Na gut. *(Beide tragen die Laterne und gehen in eine Richtung ab.)*

Erzähler: *(tritt vor die Bühne)* Soll ich euch was verraten? Ab diesem Tag wurden Christian und Mohammed richtig gute Freunde. Ab

Auch dieses Beispiel des gemeinsamen Tragens der von Christian selbst gebastelten Laterne zeigt, dass die Bereitschaft zum Teilen dann auf dem Prüfstand steht, wenn es wirklich ein Opfer erfordert, das weh tut.

Auf dem Festplatz versammeln sich die Teilnehmer des Laternenumzuges zur Martinsfeier.

und zu kam es noch vor, dass fremde Kinder dumme Sachen erzählten über Ausländer und dunkelhäutige Kinder, aber Christian konnte inzwischen sehr laut schreien, und Mohammed baute sich jedes Mal mit erhobenen Armen auf, so dass sie beide bald in Ruhe gelassen wurden! *(Erzähler geht noch auf Fragen der Kinder ein.)*

Gedichte, Reime, Rätsel

Martinstag

Für Kinder sind Reime und Gedichte mit ihrem Rhythmus und der symbolischen Sprache faszinierend und wie eine Zauberformel, die sie an geheimnis- und weihevollen Vorgängen teilhaben lässt. Es entsteht eine eigene Atmosphäre.

Martinstag ist heute, feiert mit das Fest,
weil uns sein Beispiel viel Freude erleben lässt.
Martinstag ist heute, es feiern Groß und Klein,
unsere Laterne erstrahlt in hellem Schein.
Martinstag ist heute, geht mit uns heraus,
so ziehen alle Kinder durch die Stadt von Haus zu Haus.
Martinstag ist heute, helft mit, wo Hilfe fehlt,
ihr seht's am Beispiel Teilen, auch kleine Hilfe zählt.

Heidi Nehmeyer

Der Bratapfel

Kinder, kommt und ratet, was im Ofen bratet!
Hört, wie's knallt und zischt. Bald wird aufgetischt,
der Zipfel, der Zapfel, der Kipfel, der Kapfel,
der gelbrote Apfel.
Kinder, lauft schneller, holt einen Teller,
holt eine Gabel! Sperrt auf den Schnabel,
für den Zipfel, den Zapfel, den Kipfel, den Kapfel,
den goldbraunen Apfel!
Sie pusten und prusten, sie gucken und schlucken,
sie schnalzen und schmecken, sie lecken und schlecken
den Zipfel, den Zapfel, den Kipfel, den Kapfel,
den knusprigen Apfel.

Fritz und Emilie Kögel

So ein heißer Bratapfel schmeckt umso besser, je kälter und ungemütlicher es draußen ist.

Einladung zur Martinsgans

Wann der heil'ge Sankt Martin
will der Bischofsehr' entfliehn,
sitzt in dem Gänsestall,
niemand find' ihn überall,
bis der Gänse groß Geschrei
seine Sucher ruft herbei.

Nun dieweil das Gickgackslied
diesen heil'gen Mann verriet,
dafür tut am Martinstag
man den Gänsen diese Plag',
dass ein strenges Todesrecht
gehn muss über ihr Geschlecht.

Drum wir billig halten auch
diesen alten Martinsbrauch.
Laden fein zu diesem Fest
unsre allerliebsten Gäst'
auf die Martinsgänslein ein,
bei Musik und kühlem Wein.

Simon Dach (1605–1659)

Gänse scheinen die Verräter schlechthin zu sein. Gänse haben nicht nur das Versteck Martins verraten, Gänse auf dem Kapitol verrieten auch die Gallier, als sie sich heimlich der Stadt Rom bemächtigen wollten – wen wundert es, dass sie an Martini dafür aufgegessen werden!

Reime zu Sankt Martin

Sonne, Mond und Sterne,
ich geh mit meiner Laterne.
Meine Laterne ist hübsch und fein,
darum geh ich mit ihr ganz allein.

Dort am Himmel ferne
sehn wir Mond und Sterne.
Der liebe Gott hat sie gemacht,
dass sie uns leuchten in der Nacht.

Wie bei vielen Festtagen von Heiligen sind auch mit dem Sankt-Martins-Tag bestimmte Bauernregeln verknüpft. So werden Heilige in den Wechsel der Jahreszeiten und die Natur eingebunden.

Martinus schenkt guten Most
und hat dabei viel gute Kost.
Auf Martin schlacht' man feinste Schwein,
auch wandelt sich der Most zu Wein.
Man isst dann auch gebratene Gans
und trinkt den Most halb oder ganz.

Hannover

Drei lustige Rätsel

Kommt die Dämmerung übers Land,
werden Lichtlein angebrannt.
Du kannst sie am Himmel sehn –
leuchten sie nicht gar zu schön?
Schaust am Morgen du nach dort –
dann sind alle Lichtlein fort.
(Sterne)

Ich habe ein Laternchen
und leuchte wie ein Sternchen,
flieg leise durch die Nacht,
bis der Tag hell und erwacht.
Dann schlafe ich im Grase,
bin viel kleiner als ein Hase.
Und willst du mich kriegen,
nur im Sommer kann ich fliegen.
(Leuchtkäfer)

Ich bin ein kleines Männchen,
hab einen runden Kopf,
und streicht man mir das Köpfchen,
so brennt der ganze Schopf.
(Zündholz)

Spiele

Fingerspiel am Martinstag

Am Martinstag trag ich so gerne
meine schöne leuchtende Laterne.
So gehe ich von Haus zu Haus,
die Menschen schauen zum Fenster heraus.
Da kommt, trapp, trapp, der Reitersmann.
Die Kinder beginnen mit dem Gesang.
Auf der Flöte spielt ein Kind,
ein anderes schlägt die Trommel geschwind.
Und kommen wir zurück zum Kindergarten-Haus,
blasen wir alle unsere Lichter aus.

Mit Hilfe von Fingerspielen lernen Kinder auf spielerische Weise die Namen ihrer einzelnen Finger kennen und üben nebenbei noch deren Beweglichkeit und Fertigkeit.

Linke Hand ausgestreckt,
rechte Hand bildet einen Kreis,
der an den Fingerspitzen anschließt.
Hände bilden ein Dach.
Linke Hand ausgestreckt,
rechter Zeigefinger »sieht« hinaus.
Linke Hand ausgestreckt,
rechte Hand »reitet« darüber.
An der rechten Hand wackeln
die Finger.
Bewegungen ergeben sich aus dem Text.
Hände bilden ein Dach.
Hände senkrecht aneinander gelegt
und ausblasen.
Heidi Nehmeyer

Lichtertanz

Ort: Abgedunkelter Raum
Organisation: Kreis
Material: Je Tänzer eine Tischlaterne, Musik

Mit vorgefertigten Tischlaternen, etwa einem Honigglas mit bunten Schnipseln aus Transparentpapier beklebt, wird ein abgedunkelter Raum erleuchtet. Die Lichter stehen dicht gedrängt in der Kreismitte. Für diesen Tanz eignen sich besonders klassische Musikstücke, etwa der Bolero von Ravel. Die Kinder stellen sich in einem weiten Kreis um die Laternen auf. Die Musik beginnt.

1. Die Kinder gehen schrittweise auf ihre Laterne zu, heben sie hoch und laufen dann damit frei durch den Raum.

2. Nun halten sie das Licht hoch und drehen sich im Kreis, um danach wieder durch den Raum zu laufen. Das Licht wird immer noch hoch gehalten.

3. Jetzt das Licht knapp über dem Boden halten und wieder frei durch den Raum laufen. Die Kinder halten einen großen Abstand voneinander und stellen das Licht nun vor sich auf den Boden und laufen um das Licht herum.

4. Die Kinder nehmen das Licht wieder hoch und laufen frei durch den Raum. Sie setzen das Licht wieder in die Mitte zu einem Kreis, laufen schrittweise zum Ausgangskreis zurück und machen sich in der Hocke ganz klein.

Es ist ratsam, den Innen- und Außenkreis mit kleinen Klebestreifen zu markieren, damit die Kinder ihre Ausgangsposition wieder finden.

> Der Lichtertanz ist für kleine Kinder ein ganz besonderes Erlebnis. Um Verwirrung und unliebsame Zusammenstöße zu vermeiden, ist es hilfreich, im abgedunkelten Raum Innen- und Außenkreis mit Klebestreifen zu markieren.

Lichtmeditation

Ort: Abgedunkelter Raum
Organisation: Kreis
Material: Eine Laterne, ein Tuch, je Kind ein Kissen, Musik

Für die Lichtmeditation wird mit Sitzkissen am Boden ein Kreis gebildet. Die Kindergärtnerin als Meditationsleiter stellt eine Laterne unter einem Tuch verdeckt in seiner Nähe auf dem Boden ab. Jedes Kind sucht sich auf einem Kissen einen Platz. Alle Lichter werden gelöscht, notfalls muss der Raum mit Vorhängen oder heruntergelassenen Rollläden verdunkelt werden.

Wenn es ganz finster ist, reichen sich alle die Hände. Der Meditationsleiter spricht: »Sobald es dunkel ist und wir nichts sehen können, ist es schön, wenn jemand bei uns ist, damit wir nicht alleine sind. Wir sind froh, wenn einer da ist, der uns bei der Hand nimmt. Wir sind jetzt ganz leise und hören in die Dunkelheit hinein. Können wir etwas hören?«

Die Lichtmeditation bietet eine willkommene Gelegenheit, die Sinne der Kinder (Sehen, Hören usw.) im abgedunkelten Raum zu schärfen und damit auf unverkrampfte Weise Sinnenschulung zu betreiben.

(*»Das Ticken der Uhr«, »Regentropfen, die gegen die Fensterscheiben klopfen«, »Wind, der in den Bäumen rauscht«, »Kinderstimmen in anderen Räumen« ...*)

»Wir hören heute aber auch in uns selbst hinein. Können wir uns auch hören? Können wir unseren Körper hören?«

(*»Mein Herz klopft«, »Ich höre, wie ich atme«, »Ich höre, wie ich meinen Speichel hinunterschlucke« ...*)

»Worauf warten wir in der Dunkelheit? Soll es immer so dunkel um uns bleiben? Wonach sehnen wir uns nach langer Dunkelheit?«

(*»Nach dem Licht«, »Nach der Sonne«, »Nach den Sternen«, »Nach einer Lampe«, »Nach der Laterne« ...*)

Die Laterne wird hervorgeholt, mit einem Streichholz angezündet und in die Mitte gestellt. Die Leiterin sollte darauf achten, dass genügend Abstand zwischen Kindern und diesem Licht ist.

»Was sehen wir?«

(*»Licht«, »Das Flackern der Kerze«, »Die unterschiedlichen Farben des Lichtes« ...*)

»Der Raum wird hell, wir können wieder sehen! Eine so kleine Kerze kann unseren Raum erhellen. Aber das Licht macht nicht nur hell, das Licht kann uns auch Wärme schenken.«

Vorsichtig wird die Laterne im Kreis von Hand zu Hand weitergereicht. Die Kinder sollten darauf aufmerksam gemacht werden, dass sie der Laternenöffnung nicht zu nahe kommen. Während die Laterne herumgereicht wird, kann im Hintergrund leise Musik gespielt werden, die etwa von einem Musikinstrument oder von einer Kassette kommt. Danach stellen wir die Laterne wieder in die Mitte und reichen uns die Hände. Während wir die Wärme spüren, kann wieder leise Musik gespielt werden.

»Wir spüren alle das Licht. Wir spüren die Hand des anderen. Wir spüren seine Wärme. Wir spüren die Freude, die davon ausgeht. Das Licht der Kerze teilt uns mit: ›Ich gebe euch Licht, um in der Dunkelheit zu sehen. Ich gebe euch Wärme, um in der Kälte nicht zu frieren. Werdet auch Licht füreinander. Seid dem anderen Licht, um zu sehen. Gebt dem anderen Wärme, um nicht zu frieren. Seid Licht und gebt es weiter!‹« Langsam wird das Laternenlicht ausgeblasen, das Zimmer wird nach und nach wieder erhellt.

Als schönen Abschluss können Sie die Kinder eine Kerze verzieren oder bei Musik malen lassen – eine schöne große Kerze, die in der Dunkelheit leuchtet.

Aus: »Stille Übungen mit Kindern«, Gerda und Rüdiger Maschwitz. © Kösel Verlag, München

Rhythmik mit Tüchern

Organisation: Gerade Anzahl an Spielpartnern

Material: Je Zweierteam ein Tuch, eine Trommel, eine Kerze, zwei rote Tücher, ein Rundholz

Einleitung: Beim Klang der Trommel laufen die Kinder frei im Raum herum. Wird der Trommelschlag unterbrochen, sucht sich jedes Kind nach Belieben einen Partner.

Teilen Sie nun die Tücher aus, jedes Paar erhält ein Tuch. Die Kinder gehen nun durch den Raum und halten das Tuch an jeweils einem Ende. Auf ein Signal des Erziehers /der Erzieherin, das vorher vereinbart wurde, etwa ein lautes Trommeln, halten die Kinder das Tuch in die Höhe und bewegen es langsam wieder nach unten.

Das Tuch wird wieder an zwei Seiten von den Kindern festgehalten. Beim Trommelsignal bilden die Kinder mit dem Tuch ein Dach und stellen sich darunter.

Auf ein weiteres Signal heben und senken die Kinder das Tuch und »machen Wind«. Nach dem Trommelsignal laufen die Kinder rückwärts – das Tuch fest in der Hand.

»Rhythmik mit Tüchern« ist ein Phantasiespiel für Kinder, das die körperliche Aktion mit einbezieht. Durch den Gegenstand Tuch wird ein natürlicher Übergang zum Mantel des heiligen Martin und zur Martinslegende gefunden.

Hauptteil: Auf ein Signal stellen sich alle Kinder im Kreis auf, legen die Tücher vor sich und setzen sich dahinter auf den Boden. Sie legen die Tücher wieder ordentlich zu einem kleinen Quadrat zusammen, so, wie sie sie entfaltet haben.

Es folgt ein Gespräch über die ausgelegten Tücher: »Was könnte das sein?« (»Eine Stadt«, »Ein Wald«, »Eine Kindergartengruppe« ...)

Der Spielleiter/die Spielleiterin erzählt nun die Martinslegende, wobei die Kinder die Erzählung mitspielen: Reiten, Frieren, Betteln usw. Halten Sie zu diesem Zweck einen Mantel (zwei rote Tücher) bereit sowie ein Schwert (Rundholz). Während ein Kind die Legende mit Trommelspiel begleitet, spielen zwei Kinder die Szene der Mantelteilung nach – eines als Sankt Martin, eines als Bettler.

Abschluss: Zum gemeinsamen Lied »Sankt Martin ritt durch Schnee und Wind« (siehe Seite 34) legen die Anwesenden die Tücher zu einer gemeinsamen Fläche aus und entzünden in der Mitte eine Kerze.

Was riech ich da?

Organisation: Frei

Material: Verschiedene Gewürze, ätherische Öle, getrocknete klein geschnittene Orangen- und Zitronenscheiben, getrocknete zerriebene Blätter, die stark duften, aber auf keinen Fall giftig sein dürfen (gut geeignet sind Blätter von Himbeer- oder Brombeersträuchern), leere Filmdosen, bunte Transparentpapierschnipsel, Kleber.

Bei diesem Sinnesübungsspiel geht es darum, die Vielfalt der verschiedenen Düfte zu erraten. Anfang November, kurz nach der Erntezeit, gibt es eine Fülle unterschiedlicher frisch getrockneter Gewürze, Pflanzenblätter oder auch getrocknetes Obst, das, in kleinen Filmdosen »verpackt,« zum Schnuppern und Beriechen einlädt.

Wer die dunkelgraue, schwarze Farbe der Filmdosen nicht mag, kann sie durch das Bekleben mit den Papierschnipseln beliebig verändern. Dann sollte man jedoch darauf achten, dass die Dosen nicht unterschiedlich in den Farbtönen gestaltet werden, da sich die Kinder sonst die Farbe merken und eventuell nicht den Geruch!

1. In jede Filmdose werden verschiedene Gewürze, getrocknete Blätter usw. eingefüllt. Wenn Sie ätherische Öle als Riechstoffe verwenden, dann träufeln Sie einfach ein paar Tropfen davon auf ein kleines Stück Watte und geben diese Watte in die Filmdose.

Die menschliche Reaktion auf Geruch ist mit einer halben Sekunde schneller als auf jeden anderen Sinnesreiz, z. B. das Hören – Grund genug, die Vielfalt der Herbstdüfte anhand dieser Sinnenspielübung zu erriechen.

2. Das Ratespiel kann nun beginnen: Was kann man in den Dosen riechen? Wer den Duft erraten hat, der darf die Dose vor sich hinstellen.

3. Wer am Ende, wenn alle Döschen durchgeschnuppert sind, die meisten Düfte erraten hat, hat in diesem Spiel gewonnen.

4. Nach dem Schnuppern sollten so schnell wie möglich wieder die Deckel aufgesetzt werden, um zu verhindern, dass sich die Düfte allzu rasch verflüchtigen. Nach einiger Zeit müssen die Inhalte erneuert werden.

Kinder verbinden den Gedanken des Teilens zuerst nur mit Begriffen wie »Besitz« und »Eigentum«. Sie müssen erst lernen, dass man auch Gefühle teilen kann.

Teilungsspiel

Organisation: Je Kind eine Karte

Material: Karton, Stifte, Schere, Klebefolie

Für jedes Kind eine Karte auf die Maße 20 x 20 cm zuschneiden. Verschiedene Möglichkeiten des Teilens aufmalen, z. B. ein lachendes Gesicht, ein weinendes Gesicht, Brot, Getränk, Spielzeug usw., und ausmalen. Die Karten in der Mitte auseinander schneiden und mit der Klebefolie überziehen.

Spielverlauf: Jedes Kind erhält beide Karten eines Symbols. Das erste Kind beginnt mit den Worten: »Ich teile (z. B.) mein Lachen mit dir, (Name).«

Es gibt dem Mitspieler seiner Wahl eine Karte dieses Symbols. Beide Mitspieler legen daraufhin ihre Kartenhälfte mit der Rückseite nach oben vor sich hin. Das nächste Kind – im Uhrzeigersinn – nimmt seine Karte auf. »Ich teile (z. B.) mein Weinen mit dir, (Name).«

Wenn alle Kinder ihre Karten geteilt haben, beginnt ein anderes Kind. Es nimmt seine verdeckte Karte auf und sagt: »Ich habe mein (Symbol) geteilt mit (Name).«

Es sollte immer ein Kind beginnen, das die Karte erhalten und nicht ausgeteilt hat. Beide legen ihre Karten aufgedeckt zueinander und vergleichen, ob ihre Bildhälften zusammenpassen. Im Anschluss können die Mitspieler darüber reden, wann und wie sie teilen können. Beispiel: »Ich teile mein Weinen mit dir.« – Anwendung: »Wenn Karin einmal traurig ist, dann tröste ich sie und versuche ihr zu helfen!«

Auf diese Weise erfahren die Kinder, dass Teilen nicht nur etwas mit materiellen Dingen zu tun hat. Oft ist es viel wichtiger, Gefühle wie Schmerz und Trauer, aber auch Liebe und Glück miteinander teilen zu können. Nicht umsonst heißt es im Volksmund: »Geteiltes Leid ist halbes Leid, und geteilte Freude ist doppelte Freude.« Wenn wir bereit sind, an den Gefühlen der anderen teilzunehmen, an ihren Sorgen und Freuden, können wir wahre Freundschaft gewinnen und erhalten.

Basteln und gestalten

Martinsgans aus einem Apfel

Material: Äpfel, weiße Servietten, weiße Gummiringe, festes weißes Papier, Bunt- oder Filzstifte, Bleistift, Schere

Anleitung: Bevor Sie mit den Kindern beginnen, muss die nebenstehende Gansschablone zweimal abgepaust und ausgeschnitten werden. Besser ist aber, jedes Kind eine eigene Schablone malen, kopieren und ausschneiden zu lassen. Nun noch die Augen und den Schnabel auf- und ausmalen. Danach die Serviette auseinander falten und den Apfel in die Mitte legen. Die vier Enden der Serviette zusammenhalten und mit einem Gummiring zusammenziehen. Beide Papiergans-Teile zusammenkleben, dabei so viel frei lassen, dass der Hals noch an den »Gänsebauch« angeklebt werden kann. Dafür an der gestrichelten Linie das Papier auseinander falten und an dem eingepackten Apfel festkleben. Fertig ist die Martinsgans!

Laternen aus Papiertüten

Material: Papiertüten (z.B. für Obst oder für Gebackenes), Wachsmalkreiden, Schere, Wolle, Knöpfe, Taschenlampe

Anleitung: Die Tüte so vor sich auf den Tisch legen, dass sich die Öffnung unten befindet. Auf die Tütenvorderseite ein Gesicht mit Bleistift vorzeichnen und mit Wachsmalkreiden (oder anderen Farben) das Gesicht ausmalen. Augen, Mund und Nase ausschneiden. Das Gesicht mit Wolle als Haaren verzieren. Auf die Rückseite ebenfalls Wollfäden als Haare aufkleben. Mit den Knöpfen kann das Gesicht noch verziert werden, z.B. Schmuck, Zopfspangen usw. Eine Taschenlampe in die Tüte stecken und die Öffnung mit einem Wollfaden fest um die Lampe zubinden.

Die Gans ist eines der am weitesten verbreiteten Symbole für den Martinstag.

Sternenlicht aus Kaffeefiltertüten

Material: Kaffeefiltertüten, Farben (flüssige Deckfarben, Eierfarben, Batikfarben usw.) in den Tönen Gelb und Orange, alte Schraubgläser von Essiggurken, Abtropfgitter oder gespannter Faden über die Badewanne, Schere, Teelichter

Anleitung: Die Kaffeefiltertüten werden zusammengerollt und in die flüssige Farbe getaucht; abtropfen. Nach dem Trocknen in die (offene) Tütenoberseite

Zacken einschneiden. In die Mitte ein Teelicht stellen. Viele kleine Lichter basteln und auf eine dunkelblaue Decke oder Papier stellen. Fertig ist ein zauberhafter Sternenhimmel.

Achtung: Nicht zu kleine Filtertüten wählen, da sonst Brandgefahr besteht.

Haus als Laterne

Material: Ein Schuhkarton, Cutter, Transparentpapier in verschiedenen Farben, Klebesternchen, Kleber, Schere, Lochzange, Draht, kleine Stumpenkerze
Anleitung: Die Seitenwände der Schuhschachtel bis auf einen 2 cm breiten Rand markieren und ausschneiden, so dass Stege stehen bleiben. Auf der Innenseite buntes Transparentpapier aufkleben. Vom Deckel des Kartons die Ränder abschneiden. Das Rechteck einmal der Länge nach zusammenklappen und wieder auseinander falten. Wie bei den Seitenwänden Ränder von 2 cm Breite anzeichnen und den Innenteil ausschneiden. Dann mit buntem Transparentpapier bekleben. Die Ränder können noch bunt angemalt werden.

Die Fenster des Hauses mit den Klebesternchen verzieren oder kleine Leporellos ausschneiden und aufkleben. Im Dach zum Abzug der Heißluft einen etwa 1 cm breiten Schlitz ausschneiden – sehr wichtig, damit die Laterne nicht in Flammen aufgeht! In den Ecken der vier Seitenwände mit der Lochzange jeweils ein Loch ausstanzen, in die des Daches ebenfalls vier Löcher einfügen. Nun vier Drahtfäden von jeweils 8 cm Länge abschneiden und das Dach mit dem Haus durch den Draht verbinden, dabei etwa 3 cm Zwischenraum »Luft« lassen. Dann noch die Stumpenkerze in die Mitte kleben.

Damit die fertige Laterne am Laternenstab befestigt werden kann, an den Schmalseiten des Daches gegenüberliegend noch zwei Löcher ausstanzen und mit dem Draht einen Bügel formen.

Sollte keine passende Stumpenkerze erhältlich sein, können stattdessen auch zwei Teelichter verwendet werden – dann aber unbedingt darauf achten, dass die Teelichter so nebeneinander angebracht werden, dass beide Kerzen einen Abzug haben und auch nicht verrutschen können.

Laterne (Grundmodell)

Die Laterne darf bei keinem Martinsumzug fehlen. Hier einige Tipps, wie sie am besten gebastelt werden kann.

Material (je Laterne): Blaues Seidenpapier, Butterbrotpapier, buntes Transparentpapier, runde Käseschachteln (von Käseecken), Klebstoff, Draht, Schere, stabiler Karton, Lochzange, Rundholz, Kerze

Anleitung: Zunächst legt man das Butterbrotpapier so um die Käseschachtel rund herum, dass ein Zylinder entsteht mit der – noch nicht festgeklebten – Käseschachtel als Boden. Für die Klebenaht noch ca. 3 cm dazugeben und das Papier abschneiden. Je nach gewünschter Laternenhöhe schneidet man den Papierzylinder in der Höhe ebenfalls noch zurecht. Danach bestreicht man das Butterbrotpapier mit Tapetenkleister und legt das Seidenpapier locker und in Wellen darauf (auf keinen Fall glatt streichen!). Trocknen lassen. Jetzt kann das Papier mit schweren Büchern gepresst werden.

Nach dem Pressen verschiedene Motive ausschneiden, z. B. Sterne, Mond, Sonne, die Teilungsszene mit dem Bettler, die Kinder beim Laternenumzug usw. Die Motive auf der Rückseite aufmalen und ausschneiden – bei Figuren an Stege denken und von hinten mit Transparentpapier bekleben.

Den unteren Teil der Käseschachtel und den unteren Rand des Laternenpapiers mit Kleber einstreichen – kurz antrocknen lassen und beide Teile miteinander verbinden. Sollte der Deckel der Käseschachtel geschlossen sein, zuvor in der Mitte einen Kreis ausschneiden. Genauso wie den Boden einkleben – dann die Seitennaht zukleben und wieder pressen.

Für den Kerzenhalter ein Rechteck aus Pappe ausschneiden, in zwei Drittel der Fläche Streifen einschneiden und den Rest entlang der gestrichelten Linie falten. Den Halter um die Kerze anpassen, zukleben und die Streifen auseinander falten. Die Streifen am Boden der Laterne festkleben.

Mit der Lochzange oben zwei Löcher gegenüberliegend stanzen, Draht für den Laternenstab durchziehen.

Laterne aus einfachem Material

Material: Käseschachteln, verschiedenartige Materialien, z. B. Wellpappe, getrocknete Blätter, Wolle in verschiedenen Farben usw., bunte Papierreste, Tapetenreste, Transparentpapier, Schere, Kleber, Draht, eine kleine Stumpenkerze

Anleitung: Wenn das ganze Jahr ein kleiner Vorrat an verschiedenen Materialien gesammelt wurde, haben die Kinder genug Stoff, um auch eigene Kreati-

Der Sankt-Martins-Tag ist fest mit der Laterne und dem Laternenumzug verknüpft. Am schönsten ist er, wenn das Kind seine Laterne selbst gebastelt hat. Wie das geht, erklärt die nebenstehende Bastelanleitung.

vität umzusetzen. Einfach das Material bereitstellen und eventuell Hilfestellung beim Basteln leisten. Die fertigen Laternen bezaubern durch ihre individuellen Noten und die Vielfalt der Ideen – ein buntes Bild für den Laternenumzug.

Tischlicht

Material: Glänzende Pappe, Zirkel, Kastanien, Wachsmalstifte mit hohem Bienenwachsanteil, Bügeleisen, Kleber (eventuell eine Heißklebepistole), Teelicht

Anleitung: Mit dem Zirkel auf der Pappe einen Kreis aufmalen (Durchmesser: ca. 10 cm). Den Kreis ausschneiden und mit den Wachsmalstiften bemalen (gut geeignet wären verschiedene Braun- und Rottöne), die Fläche muss vollständig ausgefüllt sein. Die Fläche mit Pergamentpapier oder Butterbrotpapier abdecken und mit einem Bügeleisen die Wachsmalfarben erwärmen, so dass sie ineinander verlaufen – deshalb auch eine glänzend beschichtete Pappe verwenden, die die Farben nicht aufsaugt! An der Außenseite des Kreises die Kastanien festkleben, am besten eignet sich hierfür Heißkleber. In die Mitte ein Teelicht stellen.

Wandbild

Diese Gemeinschaftsarbeit eignet sich für die älteren Kinder in der Gruppe, da die Formen mit dem Messer ausgeschnitten werden müssen.

Material: Mehrere Päckchen Efa-plast (je nach Größe des Bildes), stumpfe Messer, Nudelholz, Schaschlikstäbchen, Wasserfarben, Klarlack

Anleitung: Das Efa-plast mit dem Nudelholz zu einer 0,5 cm dicken Platte ausrollen. Aus den Platten die einzelnen Häuser, Sankt Martin, das Pferd und den Bettler ausschneiden und eventuell mit Holzstäbchen Ornamente herausarbeiten. Mit dem Schaschlikstäbchen Löcher durchstechen (Stäbe während des Trocknens dort lassen, damit sich die Löcher nicht schließen). Nach dem Trocknen die Häuser und die Figuren anmalen, später lackieren. An einem geeigneten Ort im Kinderzimmer aufhängen.

Kind mit Laterne

Material: Blaues Tonpapier, grünes und orangefarbenes Faltpapier, Goldstift, Wachsmalkreiden, Schere, Lineal, Kleber und Zirkel

Anleitung: Das blaue Tonpapier auf die Maße 14 x 22 cm zuschneiden und zu einer Klappkarte zusammenfalten. Aus den Faltblättern drei grüne und zwei orangefarbene Kreise mit einem Durchmesser von 5 cm aufmalen und dann ausschneiden. Die Kreise in der Mitte falten und zusammenkleben – immer einen grünen und einen orangefarbenen Kreis. Die Laterne in die Mitte der Karte (obere Hälfte) kleben und auf die rechte Seite mit den Wachsmalkreiden ein Kind aufmalen. Die Vorderseite der Karte mit dem Goldstift schön beschriften.

Sankt Martins Pferd – aus Papier gefaltet

Material: Für ein Reitpferd jeweils zwei Seiten Papier mit den Maßen 50 x 70 cm

Anleitung: Den Papierbogen in der Mitte falten und wieder auseinander klappen. Beide Seiten zur Mitte hin falten, in die Hälfte zurücklegen, nochmals falten.

Zur Hälfte verkleinern in der Seitenlänge.

Mit dem zweiten Blatt genauso verfahren.

Aus einem Stück den Kopf falten.

Aus dem anderen das Hinterbein falten.

Den Kopf in den Rumpf schieben, aus bunten Papierresten Schwanz und Mähne ausschneiden, einkleben. Mit einem Stift Augen und Mund aufmalen. Beide Teile miteinander verbinden und festkleben.

Ein Bischofshut

Material: Je Bischofshut ein großes Stück Papier (beispielsweise ein Bogen Zeitungspapier mit den Maßen 50 x 70 cm), Wasserfarben

Anleitung: Papier in der Mitte falten.

Senkrechte Mittellinie falten.

Ecken zur Mitte falten.

Rand hochschlagen, wenden.

Rechte Seite zur Mitte falten.

Linke Seite zur Mitte falten.

Rand hochschlagen, wenden – und den Bischofshut eventuell mit Farben anmalen.

In einer Zeit, in der Kinder fast alles in irgendwelchen Spezialgeschäften kaufen können, wissen sie manchmal gar nicht mehr, wie befriedigend es ist, an etwas zu arbeiten und sich dann über das Ergebnis zu freuen. Oft sind es gerade diese Erlebnisse, an die sie sich dann später als Erwachsene erinnern können und die sie mit einer glücklichen Kindheit verbinden.

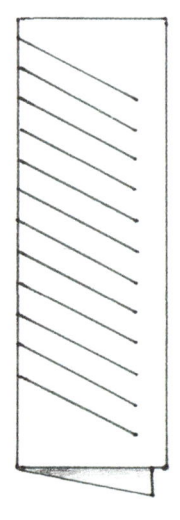

Einladungskarte – Leporello

Material: Karton, dunkelblaues Seidenpapier, Tapetenkleister (oder strukturiertes, festes dunkelblaues Tonpapier), Transparent- oder Seidenpapier in den Farben Rot, Gelb und Orange, schwarzes Buntpapier, Kleber, Schere

Anleitung: Den Karton auf die Maße 15 x 22 cm zuschneiden und in der Mitte falten. Die Rückseite mit Tapetenkleister bestreichen und das dunkelblaue Seidenpapier locker und in leichten Wellen auflegen – nicht glatt streichen! Sollte das Seidenpapier über den Rand des Kartons heraussstehen, Ränder abschneiden.

Nach dem Trocknen und Pressen aus dem Seiden- oder Transparentpapier schmale Flammen reißen und mit Kleber aufkleben. Einen Streifen Buntpapier von 7 cm Breite abschneiden und ziehharmonikaförmig zusammenfalten. Auf die Rückseite die Hälfte eines Männchens aufmalen und das Leporello ausschneiden und entfalten.

Über die Flammen kleben. Eventuell noch Mond und Sterne ausschneiden und aufkleben.

Einladungskarte – Laterne

Material: Schwarzes Tonpapier, buntes Transparentpapier, Kleber, Schere, weißer Buntstift, Lineal

Anleitung: Aus schwarzem Tonpapier eine Karte in den Maßen 15 x 22 cm ausschneiden, in der Mitte zusammenfalten. Die eine Hälfte nochmals in der Hälfte zusammenlegen – die Seite nach außen falten. Auf die schmale Karteninnenseite mit dem weißen Stift und dem Lineal schräge Linien einzeichnen, dabei einen Rand von 1 cm stehen lassen. Mit der Schere einschneiden und die Karte entfalten. Die entstandenen Streifen nach oben falten und die Rückseite mit Transparentpapier bekleben.

Lichterpyramide

Material: Schaschlikspieße, 5 Styroporäpfel, 5 Kerzen, 5 Kerzenhalter mit einem Nagel auf der Unterseite, Kleber und grüne Zweige

Anleitung: Die Schaschlikspieße auf eine Länge von ca. 13 cm kürzen. Vier Äpfel zu einem Quadrat miteinander durch die Spieße verbinden. Danach noch einmal vier Schaschlikspieße kürzen. Den letzten Apfel von unten einstechen und die vier Stäbe schräg hineinstechen. Den fünften Apfel auf das Apfelquadrat setzen. Die Schaschlikspieße eventuell mit etwas Klebstoff fixieren, bevor sie in die Äpfel gesteckt werden. Auf jeden Apfel einen Kerzenhalter mit einer Kerze setzen und die Querstäbe mit grünen Zweigen verbinden.

Schleckereien zum Martinsschmaus

Dippedotz

Zutaten: 1,5 kg Kartoffeln, 3 – 4 große Zwiebeln, 2 Brötchen, 200 g geräucherter Speck, 3 Eier, 1/2 l Milch, Öl, Thymian und Majoran, Butterflöckchen

Zubereitung: Die Kartoffeln reiben und 10 Minuten stehen lassen, damit sich die Stärke und das Kartoffelwasser absetzen. In der Zwischenzeit die Brötchen in Milch einweichen und den Speck fein würfeln.

Nun das Kartoffelwasser abgießen, die Zwiebeln zu den Kartoffeln reiben. Die eingeweichten Brötchen ausdrücken und mit den Eiern verrühren und zusammen mit dem Speck, etwa 4 – 5 EL Öl und je einer Messerspitze fein zerriebenem Thymian und Majoran zur Kartoffelmasse geben; kräftig miteinander vermengen.

Da der Speck schon Salz enthält, sollten Sie beim Salzen des Kartoffelteiges vorsichtig sein. In einem Schmortopf 2 – 3 EL Öl heiß werden lassen, den Kartoffelteig einfüllen und in den auf 220 °C vorgeheizten Backofen auf die unterste Schiene schieben und 90 Minuten offen backen lassen.

Nach 60 Minuten den Dippedotz dicht mit Butterflöckchen besetzen, damit er eine schöne knusprige Kruste bekommt. Im Rheinland wird der Dippedotz oder Dippekoche mit Apfelmus und Kaffee oder Tee serviert.

Martinshörnchen

Zutaten: 1 kg Weizenmehl, 2 Würfel Hefe, 1/4 l lauwarme Milch, 3 – 4 Eier, etwas Salz, 2 EL Zucker, 1 TL Zimt, 200 g weiche Butter, etwas abgeriebene Schale von 1 Zitrone, 50 g grob geriebene Mandeln, 125 g gewaschene Rosinen, 100 g Korinthen

Zubereitung: Das gesiebte Mehl in eine Schüssel geben, eine Mulde in die Mitte drücken. Darin die zerbröckelte Hefe mit etwas Zucker, Mehl und der Milch zu einem Vorteig verrühren. Zugedeckt 15 Minuten gehen lassen.

Danach den restlichen Zucker, die geschmolzene Butter, die Eier, das Salz, die Zitronenschale, Mandeln und Korinthen mit dem Vorteig verkneten. Den

Abkürzungen:
EL = Esslöffel
TL = Teelöffel
l = Liter
kg = Kilogramm
g = Gramm
°C = Grad Celsius

Teig schlagen, bis er Blasen wirft. Dann den Teig auf dem mehlbestäubten Backblech zu einer Rolle mit sich verdünnenden Enden rollen und entweder zu einem großen Hufeisen oder zu 2–3 kleineren Martinshörnchen formen. Das Horn oder die Hörner auf dem gefetteten Backblech nochmals ungefähr 15 Minuten gehen lassen. Dann mit Butter bestreichen, mit Zucker und Zimt bestreuen – nach Belieben auch mit fein gehackten Mandeln – und im vorgeheizten Ofen bei 180–200 °C 30–40 Minuten backen.

Weckmännche (Martinsmännchen)

Das Weckmännche, auch Weggemann genannt, gibt es für die Kinder am Martinsabend, nachdem sie mit ihren Laternen durch die Straßen gezogen sind. Während heute schon bald nach den Sommerferien die Bäcker ein Geschäft mit dem Weggemann zu machen versuchen, gab es sie früher erst ab dem Martinsabend bis zum Nikolaustag, und auch dann nur als besondere Belohnung.

Zutaten: 250 g Weizenmehl, 150 g Butter, 3 Eigelb, abgeriebene Schale von 1/2 Zitrone, Mark von 1 Vanilleschote, 1 Messerspitze Zimt, 4–8 möglichst große Korinthen, 2–4 kleine Pfeifen aus Ton

Zubereitung: Mehl auf ein Backblech sieben, in die Mitte eine Vertiefung drücken, dahinein die Eigelbe und Gewürze geben, Butter in Flocken drumherum geben und mit dem Backmesser oder einer Gabel einen Vorteig bereiten, unter den dann sehr rasch das Mehl geknetet werden muss. Den Teig etwas ruhen lassen, dann nicht zu dünn ausrollen und Männerfiguren ausschneiden. Jeweils 2 Korinthen werden als Augen eingedrückt, an die Stelle des Mundes kommt die Spitze der Tonpfeife, die der Länge nach in das Männchen gedrückt wird. Die Männchen vorsichtig auf ein mit Backpapier ausgelegtes Backblech geben, bei Mittelhitze goldbraun backen.

Wollen Sie für die Weckmännche anstelle des Mürbeteigs lieber Hefeteig verwenden, können Sie sich an den Mengenangaben der Martinshörnchen (siehe Seite 73) orientieren.

Sankt Martin aus Lebkuchenteig

Zutaten: 200 g Margarine, 550 g Honig, 250 g Zucker, 1 Päckchen Pfefferkuchengewürz, 15 g Kakaopulver, 1200 g Mehl, 1 Päckchen Backpulver, 1 Prise Salz, 2 Eier, 2 Eiweiß, 375 g Puderzucker, 100 g Schokoladenfettglasur, einige geschälte Mandeln, Pistazien und Rosinen, Zitronat oder Orangeat, etwas Margarine zum Ausfetten der Backbleche

Zubereitung: Ein bis zwei Backbleche ausfetten. Margarine, Honig, Zucker, Pfefferkuchengewürz und Kakaopulver verrühren und bei milder Hitze erwärmen, bis sich der Zucker völlig gelöst hat. Abkühlen lassen.

Das Mehl und das Backpulver in eine Schüssel sieben und mit dem Salz, den Eiern und der Honigmasse zu einem glatten Teig verkneten. Zugedeckt bei Raumtemperatur ruhen lassen. In der Zwischenzeit aus Pappe Schablonen für die Lebkuchenfigur ausschneiden und den Backofen auf 200 °C vorheizen.
Den Honigkuchenteig 1/2 cm dick ausrollen, die Figuren ausschneiden und auf der mittleren Schiebeleiste 12 – 15 Minuten backen.
Noch warm vom Blech lösen. Die Eiweiße mit dem gesiebten Puderzucker steif schlagen. Die Figuren mit der Zuckerglasur, der flüssigen Schokoladen-fettglasur und den Garnierfrüchten verzieren. Statt mehrerer Figuren kann auch mit einer entsprechend größeren Schablone eine große Martinsfigur gebacken und verziert werden.

Martinsgänse aus Baiser

Zutaten: 150 g Puderzucker, 3 Eiweiß, Lebensmittelfarben (für die Augen); Alufolie für das Backblech
Zubereitung: Ein bis zwei Backbleche mit Alufolie auslegen. Den Backofen auf 150 °C vorheizen. Den Puderzucker sieben. Die Eiweiße zu steifem Schnee schlagen und unter ständigem Rühren langsam den Puderzucker ein-rieseln lassen. Den Eischnee in einen Spritzbeutel füllen und auf die Alufolie Gänse spritzen. Den Baisergänsen mit Lebensmittelfarben Augen aus kleinen Punkten geben. Sie können aber auch Liebesperlen oder runde Zuckerstreusel als Augen verwenden.
Das Baiser im Backofen auf der mittleren Schiebeleiste trocknen lassen. Das dauert ungefähr 60 – 80 Minuten. Die Backofentür dabei durch Einklemmen eines Kochlöffels einen Spalt offen halten, damit die Feuchtigkeit entweichen kann.

Bunte Sterne

Zutaten: 500 g Mehl, 30 g Hefe, 1/4 l lauwarme Milch, 100 g Butter, 80 g Zucker, 2 Eigelb, 1/2 TL Salz, abgeriebene Schale von 1 Zitrone, 80 g geschälte, gehackte Mandeln, 1 Eigelb, 80 g Belegkirschen, 50 g Zitronat in Stücken, 80 g geschälte Mandeln, 50 g Rosinen, etwas Butter oder Margarine zum Ausfetten der Backbleche
Zubereitung: Zwei Backbleche ausfetten. Eine Pappschablone für die Sterne herstellen. Das Mehl in eine Schüssel sieben. In der Mitte die zerbröckelte Hefe mit der Milch und wenig Mehl verrühren. Den Hefevorteig zugedeckt ungefähr 15 Minuten gehen lassen.

Achtung! Grundsätzlich gilt, dass die ErzieherInnen bei allen Schlecke-reien mit den Eltern derjenigen Kinder, die unter Lebensmittel-allergien leiden, Rück-sprache halten und sich mit ihnen abstim-men müssen.

Martinssterne und Honigkuchen schmecken am besten, wenn sie von den Kindern selbst gebacken werden.

Die Butter zerlassen und mit dem Zucker, den Eigelben, dem Salz und der Zitronenschale, dem Hefevorteig und dem gesamten Mehl verrühren und einen trockenen Teig schlagen. Zuletzt die Mandeln unter den Teig mischen. Den Teig weitere 15 Minuten gehen lassen.

Den Teig 1 cm dick ausrollen und Sterne ausschneiden. Die Sterne auf das Backblech legen, mit Eigelb bestreichen und mit halben Belegkirschen, Zitronatstücken, Mandeln und Rosinen belegen. Die Sterne auf der mittleren Schiebeleiste 10–15 Minuten im auf 210 °C vorgeheizten Backofen backen.

Honigkuchen vom Blech

Honigkuchen werden manchmal ein wenig hart. Da hilft es, wenn man sie in eine Dose steckt und eine Scheibe Weißbrot dazulegt. Die Kuchen saugen dann den Saft vom Weißbrot auf und werden bzw. bleiben schön weich.

Zutaten: 500 g Honig, gut 1/8 l Öl, 250 g Zucker, 700 g Mehl, 1 Päckchen Backpulver, 250 g geschälte, gemahlene Mandeln, 2 TL gemahlener Zimt, 1 Messerspitze gemahlene Gewürznelken, 1/2 TL Pimentpulver, 1 Prise Salz, 3 Eier, je 100 g gehacktes Zitronat und Orangeat, 3 EL Dosenmilch, je 100 g geschälte Mandeln, Zitronenstückchen und Belegkirschen, Öl zum Ausfetten des Backblechs

Zubereitung: Den Honig mit Öl und Zucker unter Rühren aufkochen und mit den Mandeln, allen Gewürzen, den Eiern, dem Zitronat und dem Orangeat mischen. Mehl und Backpulver mischen. Die Honig-Öl-Masse (abgekühlt!) dazugeben und alles gut miteinander vermengen. Sollte der Teig zu weich werden, noch etwas Mehl zugeben. Den Teig zugedeckt 60 Minuten im Kühlschrank lassen.

Ein Backblech einölen und den Backofen auf 200 °C vorheizen.

Den Teig mit bemehlten Händen auf das Backblech drücken, glatt streichen und mit Dosenmilch bepinseln. In das Teigblatt mit einem Messer 7 x 7 cm große Quadrate leicht einschneiden. Jedes Quadrat mit Mandeln, Kirschen und Zitronenstückchen verzieren. Die Honigkuchen auf der mittleren Schiebeleiste 35 – 45 Minuten backen. Die Kuchen etwas abkühlen lassen, dann vom Backblech nehmen und in die Quadrate teilen.

Pikante Martinshörnchen aus Vollkornmehl

Zutaten: 500 g frisch gemahlener Weizen, 2 TL Salz, 1 Päckchen Hefe, 1/4 l Wasser, 150 g Joghurt, grob geraspelter Käse, Mohn oder Sesam

Zubereitung: Ein Gefäß mit dem Wasser auffüllen. In einem Teil des Wassers die zerbröckelte Hefe auflösen. Von der Mehlmenge gibt man etwa 200 g in eine Rührschüssel und verrührt sie mit der aufgelösten Hefe, dem Wasser, dem Joghurt und dem Salz. Die restlichen 300 g Mehl gibt man auf eine Tischplatte oder in eine große flache Schüssel. In die Mitte eine Vertiefung drücken und den angerührten Teig hineingeben. Alles miteinander verkneten. Danach die Schüssel mit einem Tuch abdecken und den Teig an einem warmen Ort mindestens 60 Minuten ruhen lassen. Anschließend den Teig nochmals gut durchkneten und ihn in zwei gleich große Hälften teilen.

Jede zu einer runden Platte fingerdick ausrollen und in 8 gleich große Stücke teilen (wie bei einer Torte). Je nach Geschmack mit geraspeltem Käse, Mohn oder Sesam bestreuen. Die Stücke vom Rand zur Mitte aufrollen und danach zu einem Hörnchen krümmen.

Die Hörnchen auf zwei gefettete Backbleche legen, mit einem Tuch abdecken und 15 Minuten ruhen lassen. Danach in den kalten Backofen schieben und auf der mittleren Schiene bei 180 – 200 °C für ca. 30 – 40 Minuten backen lassen.

Martinszöpfe aus Brotteig

Zutaten: 300 g Mehl, 150 ml Milch, 150 ml Wasser, 1 Prise Zucker, 1 gehäufter TL Trockenhefe, 1 EL Sonnenblumenöl, 1 TL Salz, 1 EL Milch zum Bestreichen, etwas Butter zum Einfetten der Form

Zubereitung: Milch und Wasser in einem Topf handwarm erwärmen und in eine kleine Schüssel gießen. Den Zucker hinzufügen und die Trockenhefe

Die Martinshörnchen aus Vollkornmehl sind eine gesunde Alternative zu den »konventionellen« Martinshörnchen (siehe Seite 73f.). Der Teig wird jedoch nicht mit Milch und Eiern, sondern mit Wasser hergestellt.

Um den Arbeitsvorgang zu erleichtern und zu vereinfachen, kann man auch den Teig, anstatt ihn knetend durchzuarbeiten, ungefähr 100-mal kräftig auf den Küchentisch werfen.

einstreuen und umrühren, bis sie sich aufgelöst hat. Mehl und Salz in eine große Schüssel sieben und den inzwischen schaumig gewordenen Vorteig und das Öl eingießen. Den Teig gut durcharbeiten, bis er sich von der Schüsselwand löst. Nun den Teig auf eine Arbeitsfläche legen und so lange kneten, bis er glatt und elastisch ist.

Diesen Teig in eine leicht geölte Kastenform legen und mit einem Tuch abgedeckt für 60 Minuten an einem warmen Ort gehen lassen. Während dieser Zeit sollte sich das Volumen des Teiges etwa verdoppeln.

Den Teig nochmals 10 Minuten lang kneten (oder schlagen), um die eingeschlossene Luft zu beseitigen. Anschließend den Teig dritteln. Aus diesen Teilen 3 gleichmäßig lange Rollen formen und sie locker zu einem Zopf flechten, die Enden fest zusammendrücken. Den Zopf auf ein gefettetes Backblech legen und die Oberseite mit Milch bestreichen.

Den Zopf 40 Minuten ruhen lassen. Den Backofen auf 190 °C vorheizen. Den Zopf 20–25 Minuten backen. Mit einem Löffel gegen den Zopf klopfen, wenn er goldbraun ist: Wenn es hohl klingt, ist er fertig.

Martinsmandelkränzchen

Zutaten: 300 g Mehl, 150 g Butter, 140 g gemahlene Mandeln, 150 g Zucker, 4 Eigelb, Saft von 1 Zitrone, zum Bestreichen 2 Eigelb und 2–3 EL Milch, zum Verzieren 3–4 EL Mandeln

Bratäpfel gehören zu jedem zünftigen Martinsschmaus.

Zubereitung: Die ersten sechs Zutaten zu einem glatten Teig verarbeiten. Wenn der Teig erkaltet ist, Teigstücke herstellen, aus den Teigstückchen jeweils 9 cm lange, bleistiftdicke Rollen bilden und zu einem Kränzchen formen. Diese auf das eingefettete Backblech geben. Mit den in Milch zerschlagenen Eigelben die Kränzchen bepinseln. Mit gehackten Mandeln bestreuen und in 12–15 Minuten bei 200 °C backen.

Martinsmandelsplitter

Zutaten: 150 g Honig, 6 EL süße Sahne, 1–2 TL Zimt, 375 g Mandelstifte
Zubereitung: Den Honig in einem Topf bei niedriger Temperatur erhitzen. Vom Herd nehmen und Sahne mit Zimt einrühren. Mandelstifte unter die Masse ziehen. Davon jeweils 2 TL auf ein mit Backtrennpapier ausgelegtes Backblech geben und 20 Minuten bei 160 °C backen.

Bratapfel

Zutaten: 4 mittelgroße Äpfel (am besten eignet sich eine säuerliche, saftige Apfelsorte, z.B. Boskop), 4 TL Butter, 1 Päckchen Vanillezucker, etwas Fett zum Einfetten des Backblechs
Zubereitung: Äpfel gut waschen (beim Einkauf auf Unversehrtheit der Schale achten), trocknen, dann das Kerngehäuse entfernen. Die vorbereiteten Äpfel auf das gefettete Backblech legen und mit Butterflöckchen belegen. Noch Vanillezucker über die Äpfel streuen, das Blech in den auf 220 °C vorgeheizten Backofen schieben und für etwa 30 Minuten backen. Die Äpfel sind fertig, wenn sie eine schöne goldbraune Farbe haben.
Variation: Die Äpfel können auch gefüllt werden. Die Füllung muss vor dem Backen eingefüllt werden: Hierzu verschiedene Früchte entsprechend der Jahreszeit, z.B. Bananen, Birnen, Pflaumen usw., würfeln, mit Zitronensaft überträufeln, mit Zucker und Nüssen vermischen und mit etwas Sahne verrühren. Die Masse in die Äpfel füllen, danach mit Butterflöckchen bedecken und backen.

Martinspunsch

Zutaten: 2 TL Malven- oder Hagebuttentee, 1 EL Kandiszucker, 1/2 Zimtstange, 1/2 TL Nelken, 650 ml Wasser, 4 Orangen, 1/2 Zitrone
Zubereitung: Tee, Zimt, Nelken und Kandiszucker mit kochendem Wasser aufgießen. 5–10 Minuten ziehen lassen. Alles durch ein Teesieb gießen. Orangen und Zitrone auspressen, den Saft zum Tee gießen. Heiß servieren.

Bratäpfel schmecken auch sehr gut, wenn man zur Füllung eine Mischung aus 100 g Rosinen, 100 g Mandelblättern, 100 g Butter, 1 EL Anis und 2 EL Zucker verwendet und sie fertig auf heißer Vanillesauce anrichtet.

Gottesdienst zum Martinstag

Der Sinn des Gottesdienstes am Martinstag besteht für die Kinder darin, den Glauben an Jesus und Gott, der sich den Menschen in seiner Liebe mitteilte, mit aktivem Tun als Teilen und Helfen am Vorbild des heiligen Martin zu verbinden. Die »Gabenbereitung« erhält somit eine neue Dimension.

Das Ziel des Gottesdienstes ist, dass die Kinder teilen und helfen lernen. Dies ist nicht zuletzt für den Umgang mit Eltern und Geschwistern in der Familie sowie mit Kameraden in der Schule von großer erzieherischer Bedeutung. Die Messe eignet sich auch für den Nikolaustag. In diesem Fall muss natürlich im Verkündungsteil des Gottesdienstes die Heiligenlegende entsprechend verändert werden.

Vorbereitung

Die Kinder wurden Tage zuvor aufgefordert, Spielsachen auszuwählen, die sie gerne verschenken möchten. Dies fällt den Jungen und Mädchen anfangs nicht so leicht. Daher ist eine gute Vorbereitung auf das Thema unerlässlich. Die Gaben bringen die Kinder dann zum Gottesdienst mit. Da im Anschluss ein Laternenumzug stattfindet, ist ein Wortgottesdienst zu empfehlen, damit die Kleinen nachher noch aufnahmebereit sind.

Vom Schenken und Teilen

Schenken und Teilen können wir anhand von Geschichten und Märchen, selbst ausgedachten Geschichten oder Heiligenlegenden thematisieren.

Geschichten und Märchen

● »Die Sterntaler« der Gebrüder Grimm: Ein Mädchen verschenkt sein letztes Brot, sein Kleid und wird dafür mit vom Himmel fallenden Talern belohnt.
● »Der selbstsüchtige Riese«: Ein Riese verbietet Kindern, in seinem Garten zu spielen. Da wird es sehr kalt und frostig darin: Alles Leben erlischt. Eines Tages kommen die Kinder einfach zurück und ebenso der Frühling. Alles blüht und wächst. Als ein kleiner kranker Junge dem Riesen einen Kuss auf die Wange gibt, schmilzt das Herz des Riesen.

Geschichten – selbst ausgedacht

Im Mittelpunkt sollten Menschen stehen, die mit Hilfsbedürftigen teilen. Beispiel: Ein Kind möchte alles haben, was es sieht, obwohl Teddybären, Puppen, Puzzles usw. schon im Überfluss vorhanden sind. Eines Tages zieht in die Nachbarwohnung ein Mädchen aus Pakistan ein. Die Familie hat bei der Flucht alles zurücklassen müssen ...

Das Vorbild der Heiligen

Nach Vertiefung des Themas etwa durch Malereien oder Rollenspiele kann auf das Vorbild der Heiligen, die dem Kind nahe gebracht werden sollen, hingewiesen werden. Beispielsweise erwähnt die Bibel Worte, Reden und Taten Jesu, an denen sich wiederum die Heiligen orientierten.

Mt 6, 19–21: »Sammelt euch nicht Schätze hier auf der Erde, wo Motte und Wurm sie zerstören und wo Diebe einbrechen und sie stehlen, sondern sammelt euch Schätze im Himmel, wo weder Motte noch Wurm sie zerstören und keine Diebe einbrechen und sie stehlen. Denn wo dein Schatz ist, da ist auch dein Herz.«

Lk 3, 11: »Wer zwei Gewänder hat, der gebe eines davon dem, der keines hat, und wer zu essen hat, der handle ebenso« (Johannes der Täufer).

Lk 10, 30–37: Das Beispiel des barmherzigen Samariters.

Die nebenstehenden Sätze aus dem Matthäus-, Lukas- und Johannesevangelium sollen am Beispiel Jesu den »Brückenschlag« zur nächstenliebenden Mantelteilung Martins vorbereiten.

Das »Gleichnis vom barmherzigen Samariter« nach Lk 10,30–37 malte J. Schnorr von Carolsfeld um 1860 als Illustration für die Bibel.

Gottesdienst: Wir feiern heut' ein Fest und teilen miteinander

1. Eingangslied

Wir feiern heut' ein Fest

T.: Rolf Krenzer
M.: Ludger Edelkötter

Der Grundgedanke des Festes ist sehr wichtig für die Kinder: Wir feiern miteinander, weil Gott uns liebt, wir freuen uns, und dieser Freude über die Liebe Gottes zu uns entspringt unsere Bereitschaft, zu teilen und zu helfen.

1. Wir feiern heut' ein Fest und kommen hier zusammen. Wir kommen hier zusammen. Wir feiern ein Fest, weil Gott uns alle liebt. Herein, herein, wir laden alle ein! Herein, wir laden alle ein!

2. Wir feiern heut' ein Fest und singen miteinander.
   Wir feiern ein Fest, weil Gott uns alle liebt.
   Herein, herein, wir laden alle ein!
   ... und gehn herum im Kreise.
   ... wir essen und wir trinken.
   ... wir sprechen miteinander.

3. Wir feiern heut' ein Fest und geben uns dem andern.
   Wir feiern ein Fest, weil Gott uns alle liebt.
   Herein, herein, wir laden alle ein!
   ... und gehn herum im Kreise.
   ... wir essen und wir trinken.
   ... wir sprechen miteinander.

4. Wir feiern heut' ein Fest und finden uns im andern.
   Wir feiern ein Fest, weil Gott uns alle liebt.
   Herein, herein, wir laden alle ein.
   Herein, herein, wir laden alle ein!

Die Aufforderungen der einzelnen Strophen werden in gemeinsames Tun umgesetzt. Aus: »Ich wünsche dir einen guten Tag«, MC. © Impulse-Musikverlag, Drensteinfurt

2. Begrüßung

»Liebe Kinder, liebe Eltern!

Wir sind heute alle hier zusammengekommen, um ein Fest zu feiern, das Fest des heiligen Martin. Wir ihr sicher schon gehört habt, hat Martin es in seinem Leben genauso gemacht, wie es Jesus sich von allen Menschen gewünscht hat. Immer wieder hat er seinen Jüngern gesagt: ›Liebe deinen Nächsten.‹ Und so hat Martin geteilt und hergegeben, was er besaß, und das war auch nicht gerade viel.

Das heißt jetzt aber nicht, dass wir alle unsere Kleider zerschneiden und die Hälfte hergeben sollen. Für den heiligen Martin war das Teilen seines Mantels eine besondere Gelegenheit. Er konnte genau in diesem Augenblick einem Menschen, dem Bettler der in Not war, helfen.

Und genau darauf kommt es an: Mit offenem Herzen sehen, helfen und teilen, wo es notwendig ist.

Jesus erzählte den Menschen auch immer wieder, wie sehr Gott uns Menschen liebt. Keinen lässt er aus, keinen vergisst er, für jeden von uns hat er Platz in seinem Herzen.

Wenn Gott uns so sehr liebt, dann müssen auch wir einander lieben, uns helfen und teilen, was wir teilen können.

Wenn Gott uns so liebt, dass er zu allen gleich gut ist und keinen von seiner Liebe ausschließt, dann müssen auch wir zu allen gut sein, dann dürfen auch wir keinen von unserer Liebe ausschließen.«

Kindergartenkinder sind nicht selten von der spektakulären Mantelteilung Martins so fasziniert, dass sie am liebsten selbst manche ihrer Kleidungsstücke zerschneiden möchten. Hier gilt es, die Geste des Teilens vom konkreten Gegenstand zu lösen und zu »verinnerlichen«.

3. Lied

Wenn wir Kinder uns lieben

T.: Dieter Frettlöh
M.: Christoph Kruyer

1. Wenn wir Kin-der uns lie - ben, blüht ein Traum in je - der Nacht. Und der Mond er - zählt vom Frie - den, wie ihn Gott sich hat ge - dacht.

Das nebenstehende Lied preist in poetisch ansprechenden und doch elementaren, den Kindern gemäßen Bildern die verwandelnde Kraft der Liebe, die ja auch Quelle ihrer Bereitschaft zum Teilen sein soll.

2. Wenn sich die Nachbarn lieben,
blühen Stacheldraht und Zaun
voller silberweißer Blüten,
und es wächst das Vertraun.

3. Wenn die Eltern sich lieben,
blüht daheim Geborgenheit
wie die großen Sonnenblumen,
und es welkt aller Streit.

4. Wenn die Völker sich lieben,
blühen Rosen im Gewehr,
und einander totzuschießen,
ja, das geht dann nicht mehr.

5. Wenn wir Kinder uns lieben,
blüht ein Traum am hellen Tag.
Und wir sehen, wenn wir üben,
was der Frieden vermag.

Aus: »Weil du mich so magst«, IMP 1036 . ©Impulse-Musikverlag, Drensteinfurt. Textrechte: Burckhardthaus-Laetare Verlag GmbH, Offenbach/Main

4. Gebet

Guter Gott!

Öffne unsere Augen, unsere Ohren, dass wir die Not anderer sehen und hören. Öffne unsere Hände und Herzen, damit wir den Menschen in Not helfen. Lass uns trösten, wenn einer weint. Lass uns Mut machen, wenn einer Angst hat. Lass uns ein Freund sein, wenn einer allein ist. Lass uns froh machen, wenn einer traurig ist. Lass uns gut und barmherzig sein. Dann sind wir verbunden mit dir, mit deinem Leben.

Amen.

Aus: »Religionspädagogische Praxis« 85/2, Franz Kett. © Religiöse Arbeitshilfen GmbH, Landshut

5. Evangelium

Lk 10, 30–37

Jesus erzählte seinen Jüngern eine Geschichte, die sie sehr nachdenklich gemacht hat. Ich will sie euch wieder erzählen:

Ein Mann aus dem Volke Israel ging allein die Straße von Jerusalem nach Jericho. Der Weg dauerte fünf bis sechs Stunden, es war ein beschwerlicher Weg, oft ging es steil bergab. Der Weg war einsam, man traf selten einen Menschen. Als der Mann von Jerusalem nach Jericho ging, überfielen ihn Räuber, die sich in den Bergen versteckt gehalten hatten. Diese Räuber waren Männer aus dem Volk Israel. Sie wollten den König von seinem Thron stürzen. Weil sie nicht entdeckt werden wollten, versteckten sie sich in den Bergen. Wenn sie etwas zu essen haben wollten und wenn sie Geld brauchten, dann überfielen sie Menschen, die durch die Berge zogen.

Sie überfielen den Mann aus dem Volk Israel, der allein die Straße von Jerusalem nach Jericho zog. Sie nahmen ihm alles weg. Weil er sich dagegen wehrte, schlugen sie ihn. Sie zogen ihm seine Kleider aus und ließen ihn halb tot liegen. Dann zogen die Räuber weiter, und der Mann lag blutend und halb tot am Wege.

Da kam ein Priester diese Straße entlang. Er hatte in Jerusalem im Tempel Gottesdienst gehalten. Da er in Jericho wohnte, zog er hinab nach Jericho. Er sah den blutenden Mann am Wege liegen, einen Mann aus seinem Volk, er sah ihn liegen, er sah einen Menschen liegen, der verletzt war, der dringend Hilfe brauchte, doch er ließ ihn liegen. Er ging vorüber, er ging nach Jericho, er ging nach Hause.

Dann kam ein Levit, ein Tempeldiener, dieselbe Straße entlang. Auch er hatte im Tempel in Jerusalem beim Gottesdienst geholfen. Er kam die Straße entlang, er sah den verletzten Mann liegen, aber er kümmerte sich nicht um ihn. Er ging vorüber, er ging nach Jericho, und der Mann blieb am Wege liegen.

Diese Geschichte erzählte Jesus. Doch die Geschichte geht weiter. Da kam ein Mann, der nicht zum Volke Israel gehörte, ein Samariter aus einem Nachbarland, ein Samariter, den die Juden für einen Feind Gottes hielten. Dieser fremde Mann, dieser Samariter zog nicht vorüber. Er sah den Juden, er empfand Mitleid und stieg von seinem Reittier. Dieser Mensch aus Samaria konnte es nicht übers Herz bringen, diesen hilflosen Menschen aus dem Volk Israel liegen zu lassen. Er reinigte die Wunden des Blutenden mit Wein und Öl. Dadurch wurden die Schmerzen gelindert. Nun waren die Wunden gereinigt,

Die Erzählung vom barmherzigen Samariter ist die optimale Perikope für einen Kindergottesdienst zum Sankt-Martins-Tag. Sie hilft auch, von der Fixierung auf den Mantel wegzukommen und das Teilen auf die reine Menschlichkeit hin zu vertiefen.

nun konnten sie besser heilen. Der Samariter verband die Wunden des Juden. Er hob ihn auf sein Pferd und hielt ihn fest, damit er nicht herunterfiel. Er brachte ihn bis zur nächsten Herberge und versorgte ihn dort bis zum nächsten Tag.

Eine Quintessenz der Erzählung vom barmherzigen Samariter besteht auch darin, dass vom Herzen kommende Hilfsbereitschaft keinen Unterschied zwischen »Bekannten« und »Fremden« macht.

Dann musste der fremde Samariter weiterziehen. Doch er gab dem Herbergswirt zwei Silbergroschen – er sollte den Kranken versorgen. Er sagte zum Wirt: »Kümmere dich um diesen Kranken, gib ihm alles, was er zur Heilung braucht. Wenn das Geld, das ich dir gebe, nicht reicht, dann lege Geld vor. Ich will dir alle deine Auslagen zurückerstatten, wenn ich wiederkomme.«

Diese Geschichte hat Jesus erzählt. Eine ganz besondere Geschichte! Die Leute, die zum selben Volk gehörten wie der, der von den Räubern überfallen war, halfen ihm nicht. Sie gingen vorüber. Doch der Fremde half. Er tat das, was Gott von allen Menschen erwartet. Gott will, dass wir den Menschen, die Hilfe brauchen, helfen.

Jesus selbst hat immer so gehandelt. Wo Menschen Hilfe brauchten, ganz gleich, ob es Juden oder Samariter oder andere Fremde waren, er half. Jesus ist der Helfer.

6. Lied

Schenke Freude

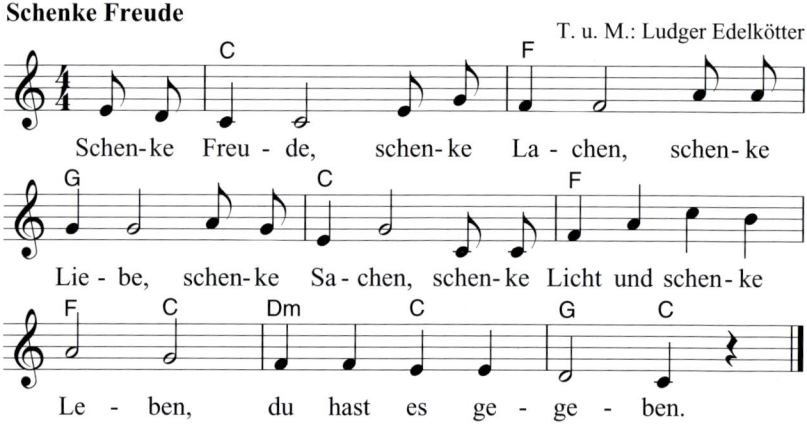

T. u. M.: Ludger Edelkötter

Schen-ke Freu - de, schen-ke La - chen, schen-ke Lie - be, schen-ke Sa - chen, schen-ke Licht und schen-ke Le - ben, du hast es ge - ge - ben.

Aus: »Weil du mich so magst«, IMP 1036. © Impulse-Musikverlag, Drensteinfurt

7. Spielszene zu Sankt Martin (Schattenspiel)

Tipps zur Vorbereitung des Schattenspiels und Ratschläge zum Basteln der Requisiten finden Sie auf Seite 52.

Erzähler: Es gab immer wieder Menschen, denen es besonders gut gelang, Liebe zu verschenken. Der heilige Martin war ein solcher Mensch. Wir wollen nun seine Lebensgeschichte anhand eines Schattenspieles an uns vorüberziehen lassen.

1. Szene: Vor langer, langer Zeit lebte in Ungarn ein römischer Soldat: Martins Vater. Er war gerne Soldat. Sein Sohn sollte ebenfalls Soldat werden. Doch Martin gefiel dies ganz und gar nicht.

2. Szene: Martin ging viel lieber in die Kirche und betete. Doch seinen Eltern missfiel dies.

3. Szene: Sie glaubten nicht an Jesus. Deswegen wollten sie nicht, dass Martin in der Kirche betete.

4. Szene: Mit 15 Jahren wurde Martin Soldat. Wie sein Vater bekam auch er ein Schwert, ein Pferd und einen warmen Soldatenmantel. An einem sehr kalten Abend ...

5. Szene: ... ritt Martin in die Stadt Amiens. Es war ein sehr, sehr weiter Weg zur Stadt, und Martin war froh, dass er seinen warmen Mantel hatte. Als er in die Nähe des Stadttors kam, ...

6. Szene: ... sah er plötzlich eine dunkle Gestalt am Tor sitzen.

7. Szene: Martin ritt ganz nah heran. Da sah er, dass der Mann nur dünne, zerrissene Kleider anhatte und deswegen sehr fror. Er musste schon lange in der Kälte gesessen haben.

8. Szene: Als der Mann Martin sah, rief er: »Bitte, hilf mir!« Schon viele Menschen hatte dieser Mann um Hilfe gebeten. Keiner hatte ihn beachtet. Jeder war weitergegangen. Martin hatte Mitleid mit dem Bettler.

9. Szene: Martin nahm sein Schwert und teilte seinen Mantel in zwei Teile.

10. Szene: Den einen Teil des Mantels gab er dem Bettler. Mit der anderen Hälfte wärmte er sich selbst. Nun brauchte keiner von ihnen zu frieren.

11. Szene: Martin hatte gern geholfen. Er erwartete keinen Dank und ritt gleich weiter.

> Auch wenn es manche Eltern, die an die herkömmliche Form des Gottesdienstes gewöhnt sind, überraschen mag: Gerade für Kindergartenkinder ist das (Schatten-)Spiel ein ihnen gemäßes Element, ihrem Glauben Ausdruck zu verleihen.

Aus: »Kommt alle und seid froh«. © Herder Verlag, Freiburg

8. Rollenspiel zu Sankt Martin

Das folgende Spiel mit verteilten Sprecherrollen ist als Alternative zum vorigen Schattenspiel gedacht. »Alle« stellen den Chor dar, während »Einer« von jeweils einem anderen Kind gesprochen wird.

Manchmal ist es im Kindergarten aufgrund bestimmter Umstände – aus Zeitgründen z. B., weil eine Gruppe gerade neu zusammengestellt wurde – nicht möglich, auf die Kürze ein ganzes Schattenspiel vorzubereiten. In diesem Fall bietet sich das nebenstehende Wechselspiel zwischen einem Sprecher und dem Chor an.

Alle:	Martin, sag uns klipp und klar: Was ist gut, und was ist wahr?
Einer:	Teil mit Armen, was du hast!
Alle:	Martin, sag uns klipp und klar: Was ist gut, und was ist wahr?
Einer:	Teil mit Hungernden dein Brot!
Alle:	Martin, sag uns klipp und klar: Was ist gut, und was ist wahr?
Einer:	Teil mit Schwachen deine Kraft!
Alle:	Martin, sag uns klipp und klar: Was ist gut, und was ist wahr?
Einer:	Teil mit Kranken deine Zeit!
Alle:	Martin, sag uns klipp und klar: Was ist gut, und was ist wahr?
Einer:	Teil mit Einsamen deine Freundschaft!
Alle:	Martin, sag uns klipp und klar: Was ist gut, und was ist wahr?
Einer:	Teil mit Jüngeren dein Wissen!
Alle:	Martin, sag uns klipp und klar: Was ist gut, und was ist wahr?
Einer:	Teil mit Traurigen deine Freude!
Alle:	Martin, Martin, hör: Teilen fällt uns schwer!

9. Übergabe der Spielsachen

Vor dem Altar wird ein großer Korb aufgestellt. Der Priester spricht: »Heute seid ihr richtig bepackt zum Gottesdienst gekommen. Ganze Berge von Spielzeug habt ihr mitgebracht. Was machen wir damit denn im Gottesdienst? Etwa spielen? Diese Spielsachen zu verschenken, das ist eine sehr gute Idee! Aber womit spielt ihr dann zu Hause? Ach, da ist noch genügend übrig. Ihr habt von eurem Spielzeug einen Teil weggenommen, um es den Kindern zu geben, die wenig oder gar keines haben. Wer so etwas tut, der schenkt nicht nur von seinen Sachen her, der verschenkt von seiner Liebe.« Jetzt werden die Kinder aufgefordert, das mitgebrachte Spielzeug vor den Altar zu tragen. Währenddessen kann die folgende Liedzeile mehrfach wiederholt werden.

Liebe kann man zeigen

T. u. M.: W. Schwartz

Aus: »Kommt alle und seid froh«. © Herder Verlag, Freiburg

Die Übergabe der Spielsachen ist der Höhepunkt des Gottesdienstes für die Kinder. Hier sollten die ErzieherInnen nicht auf einen beschleunigten Ablauf drängen, sondern ihren Schützlingen ausreichend Zeit geben, die Spielsachen mit Bedacht vor den Altar zu bringen.

10. Fürbitten (1)

Fürbitt-Ruf

T. u. M.: Ludger Edelkötter

Aus: »Weil du mich so magst«, IMP 1036. © Impulse-Musikverlag, Drensteinfurt

Einer: Guter Gott, auch wir möchten wie der Samariter ein Herz haben, für alle, die gerade unsere Hilfe benötigen.

Alle: Christus, hör uns zu ...

Sie haben zwei Möglichkeiten der Fürbittengestaltung zur Auswahl. Beide Male steht der Gedanke des Teilens im Mittelpunkt.

Einer: Lass uns wie der heilige Martin teilen mit den Armen, die frieren und hungern.

Alle: Christus, hör uns zu ...

Einer: Lass dein Licht in unseren Familien leuchten, dass alle sich verstehen, sich gegenseitig ermutigen und Stütze und Leben geben.

Alle: Christus, hör uns zu ...

Einer: Du hast uns das Talent der Freude geschenkt. Hilf uns, dass diese Freude ansteckend ist.

Alle: Christus, hör uns zu ...

11. Fürbitten (2)

Wie das Schatten- bzw. Rollenspiel sind die nachfolgenden Fürbitten (in Anlehnung an das bekannte Gebet des Franz von Assisi) eine Alternative.

Einer: Herr, mach uns zu Werkzeugen deines Friedens:
dass wir Liebe zeigen, wo man sich hasst,
dass wir verzeihen, wo man sich beleidigt,
dass wir versöhnen, wo Streit ist.

Alle: Christus, lehre uns teilen!

Einer: Herr, mache uns zu Werkzeugen deines Friedens:
dass wir die Wahrheit sagen, wo gelogen wird,
dass wir ein Licht anzünden, wo es dunkel ist,
dass wir Freude bringen, wo Traurigkeit herrscht.

Alle: Christus, lehre uns teilen!

Einer: Herr, am heiligen Martin sehen wir:
Wer weggibt, dem wird gegeben,
wer sich selbst vergisst, bleibt anderen in Erinnerung,
wer verzeiht, dem wird vergeben.

Alle: Christus, lehre uns teilen!

12. Gebet

Guter Gott, wir danken dir, dass du uns so lieb hast. Wir danken dir für alle Menschen, die uns gern haben, und für alle, die uns von deiner Liebe erzählen. Besonders danken wir dir für Jesus, deinen Sohn. Wir danken dir für den heiligen Martin, der uns vorgelebt hat, wie wir deine Liebe weiterschenken können. Wir danken dir, dass wir es fertig gebracht haben, einen

Teil unserer Spielsachen weiterzuverschenken. Wir danken dir, guter Gott, dass du immer bei uns bist und dass du uns hilfst, Liebe weiterzuschenken. Amen.

13. Segen

Der Priester leitet zum abschließenden Segen über: »Jesus, wir danken dir, dass wir hören durften, was du uns sagst. Wir tragen heute dein Licht in unseren Händen. Hilf uns, damit auch unser Herz voll Licht ist. Hilf uns, dass wir anderen Freude machen. Amen.« Er breitet seine Hände aus: »Der Herr segne euch und beschütze euch. Er schaue auf euch und sei euch nahe. Es schenke euch seinen Frieden der gütige Gott: der Vater und der Sohn und der Heilige Geist. Amen.«

Aus: »Martinsfest« (leicht verändert). © Wort und Werk Verlag, St. Augustin

14. Lied zum Ausgang

Durch die Stadt
T.: Rolf Krenzer
M.: Hans-Werner Clasen

Es spricht einiges dafür, direkt an den Gottesdienst den Laternenumzug anzuschließen. Die Martinsfestlichkeiten sind somit »aus einem Guss«: Kirchlicher und »weltlicher« Akt gehen nahtlos ineinander über.

Aus: »Ich schenke dir ein Lied von mir«, H. W. Clasen, R. Krenzer. © Edition Kemper im Ernst Kaufmann Verlag, Lahr

Dieses Lied stellt eine Einstimmung auf den Laternenumzug dar. Es können alle bekannten Laternenlieder daran angehängt werden.

Laternenumzug

Vor dem großen Umzug zum Martinstag sollte über Folgendes noch einmal genau nachgedacht werden:

● Die einzelnen Stationen dürfen nicht zu weit auseinander liegen, um die Kinder nicht zu sehr zu beanspruchen.

● Es muss genügend Platz vorhanden sein, damit sich die Gruppe gesammelt und nicht in einer Schlange stehend einfinden kann.

● Da das Thema »Teilen und Geben« ist, sollten Orte aufgesucht werden, an denen Menschen helfen, etwa karitative Einrichtungen wie Krankenhäuser, Kinderstationen, Altenheime, Wohnheime für Asylbewerber, Obdachlosenheime usw.

Für den Laternenumzug ist zu berücksichtigen, dass die körperlichen Kräfte und die geistige Aufnahmebereitschaft der Kinder begrenzt sind. Deshalb sollte das Programm nicht überladen werden.

Vorbereitung

In der Gruppe können die Kinder gemeinsam mit den Eltern kleine Martinshörnchen (siehe Seite 73f.) backen, die zusammen mit Äpfeln und Nüssen in kleine verzierte Geschenktüten verpackt werden. Wer geschickt ist, fertigt eine kleine Gänseschablone aus Karton an, stellt mit Hilfe der Mutter einen Quark-Öl-Teig her, rollt ihn aus und schneidet um die Schablone herum die Gänschen aus. Auf dem Backblech nicht zu dicht nebeneinander legen. Als Auge bekommen alle eine Rosine. Nach dem Backen müssen sie abkühlen und werden dann mit Zitronenguss bepinselt.

Eine andere Gruppe bemalt große Papierrollen oder Leintücher mit verschiedenen Szenen der Martinslegende. Diese Bilder werden auf die Stationen verteilt und dort an großen Sperrholzplatten mit Nadeln befestigt. Vor den insgesamt fünf Stationen wird jeweils eine Laterne installiert, die später beim Umzug angezündet wird.

Damit auch die Häuser, vor denen der Zug Halt macht, geschmückt sind, gibt es einen Gänsefensterschmuck. Dazu werden je zwei identische Gänse aus Papier ausgeschnitten. Aus diesen Gänsen die Flügel ausschneiden und das Loch mit gelbem Transparentpapier hinterlegen. Dann beide Gänsehälften aufeinander kleben. Vom Transparentpapier darf nichts mehr überstehen. Mit Buntstiften Schnabel, Augen und Füße bemalen und rund um die Flügelchen kleine weiße Federn kleben.

Nach dem Gottesdienst setzt sich der Laternenzug in Bewegung, voran der Darsteller des Martin auf dem Pferd. Unterwegs singen die Kinder bekannte Martins- und Laternenlieder. In manchen Gemeinden wird der Zug auch von einer kleinen Kapelle begleitet. Damit auch die Erwachsenen mitsingen können, kann man Texte mit den verschiedenen Liedern vorbereiten.

Die Stationen

1. Station: Vor der Kirche. Der heilige Martin betet. Vor den Bildern steht jeweils eine noch nicht entzündete Laterne. Die dargestellte Situation wird mit den Kindern besprochen:

»Was sehen wir auf dem ersten Bild? Was macht Martin gerade?«

»Martin kniet auf dem Boden. Er betet.«

»Zu wem spricht Martin?«

»Zu Gott ...«

»Was könnte er gerade beten?« usw.

Danach singen alle zusammen das folgende Lied.

Ähnlich wie die Kreuzwegstationen in der Karwoche können die Martinsstationen durch die unmittelbare Anschauung zu einer Verlebendigung und Vertiefung der in der Gruppe besprochenen Inhalte beitragen.

Sankt Martin ist ein guter Mann

T. u. M.: Franz Kett

1. Sankt Mar-tin ist ein gu-ter Mann.
Durch Mar-tin Gott uns Freu-de gibt. Tra - la - la-la - la,
tra - la - la-la - la, tra - la - la-la - la, tra-la - la - la.

2. Er hilft den Menschen,
   wo er kann.

3. Er tut's, weil er die
   Menschen liebt.

Aus: »Religionspädagogische Praxis« 85/2, Franz Kett. © Religiöse Arbeitshilfen GmbH, Landshut

Während des Liedes wird die Kerze in der Laterne angezündet. Die Fürbitten übernimmt ein Vater oder eine Mutter: »Wir bitten dich, heiliger Martin, bitt auch für uns. Wir tragen das Licht zu den Menschen, das Licht der Liebe. Hilf uns, dass wir Menschen lieben, auch wenn sie im Abseits stehen. Amen.«

2. Station: Beispielsweise vor dem Kindergarten. Sankt Martin auf einem Pferd, mit Schwert und Mantel bekleidet, vor der Stadt.

»Wo ist Martin jetzt?«

»In der Stadt.«

»Was will er in der Stadt?«

»Martin ist warm gekleidet. Das Wetter scheint schlecht zu sein.«

Nach dem Gespräch wird wieder das Lied »Sankt Martin ist ein guter Mann« (siehe Seite 93) gesungen, dazwischen die Laterne entzündet.

Fürbitte: »Wir bitten dich, heiliger Martin, hilf uns. Wir tragen das Licht zu den Menschen, das Licht der Freude. Lass uns erkennen, wo Menschen traurig sind, wir wollen sie wieder fröhlich machen.«

Das Gruppengespräch vor der jeweiligen Station bietet nochmals Gelegenheit, bereits besprochene Begebenheiten aus Martins Leben aufzufrischen und eventuell zusätzliche Details in der Darstellung zu entdecken und diese zu thematisieren.

3. Station: Auf einem geeigneten Platz, vielleicht einer Wiese. Der Bettler sitzt am Boden und bittet um Hilfe.

»Was sehen wir jetzt?«

»Einen armen Mann.«

»Warum ist der Mann arm, was könnte passiert sein?«

»Er hat keine Arbeit, kein Zuhause, hat keine Familie, ist allein!«

»Wer war schon einmal allein? Wie haben wir uns da gefühlt?«

»Traurig.«

»Was war uns ganz besonders wichtig?«

»Jemanden zu haben, der uns hilft.«

»Sehen wir uns den Mann an: Er ist ganz zerlumpt, er hat fast nichts mehr an, und es ist kalt. Kein Mensch ist mehr auf der Straße, sie sind alle in ihre Häuser gegangen. Ihm ist sehr kalt. Was ruft er?«

»Vielleicht: ›Habt Mitleid mit mir. Gebt mir warme Kleidung, gebt mir ein wenig Geld‹ usw.«

Das Licht in der Laterne wird entzündet. Das Lied »Sankt Martin ist ein guter Mann« (siehe Seite 93) wird gesungen.

Fürbitte: »Sankt Martin, wir bitten dich. Wir tragen das Licht zu den Menschen, das Licht der Freundschaft. Lass uns daran erinnern, dass es überall Menschen gibt, die unsere Freundschaft brauchen.«

4. Station: An einem Denkmal oder einem anderen Platz. Der heilige Martin teilt den Mantel.

»Was tut Martin da?«

»Er teilt den Mantel mit dem Schwert. Er gibt dem armen Mann die Hälfte seines Mantels ab. Er kann dem Mann nichts anderes geben.«

Alle singen wieder »Sankt Martin ist ein guter Mann« (siehe Seite 93), während das Laternenlicht angezündet wird.

Fürbitte: »Wir bitten dich, Sankt Martin. Wir tragen heute das Licht zu den Menschen, das Licht des Teilens. Hilf uns, dass wir erkennen, wenn jemand uns braucht, dass wir auch dann teilen können. Teilen so wie du.«

5. Station: Vor dem Krankenhaus, vor dem Wohnheim für Asylbewohner, vor dem Altenheim usw.

Ein Martinsfeuer wird entzündet. Die Kinder singen ein Martinslied, z. B. »Ein armer Mann« (siehe Seite 96).

Der Festumzug versammelt sich zum Gottesdienst im Freien. Anschließend wird das Martinsfeuer entzündet.

Ein armer Mann

T. u. M.: Rolf Krenzer

1. Ein ar-mer Mann, ein ar-mer Mann, der klopft an vie-le Tü-ren an. Er hört kein gu-tes Wort, und je-der schickt ihn fort, und je-der schickt ihn fort.

Das Krankenhaus, das Wohnheim für Asylbewohner o. Ä. ist die letzte und wichtigste Station den Laternenumzugs. Mit der Verteilung der von den Kindergartenkindern gespendeten Spielsachen an die Bedürftigen findet ihr Handeln nach dem Vorbild Sankt Martins seinen vorläufigen Abschluss.

2. Ihm ist so kalt. Er friert so sehr.
Wo kriegt er etwas Warmes her?
Er hört kein gutes Wort, und jeder
schickt ihn fort.

3. Der Hunger tut dem Mann so
weh, und müde stapft er durch
den Schnee. Er hört kein gutes
Wort, und jeder schickt ihn fort.

4. Da kommt daher ein Reitersmann,
der hält sogleich sein Pferd hier
an. Er sieht den Mann im Schnee
und fragt: »Was tut dir weh?«

5. Er teilt den Mantel und das Brot
und hilft dem Mann in seiner Not,
so gut er helfen kann. Sankt Martin heißt der Mann.

6. Zum Martinstag steckt jedermann
leuchtende Laternen an. Vergiss
den andern nicht, drum brennt das
kleine Licht.

Aus: »Glauben erlebbar machen«, Rolf Krenzer. © Herder Verlag, Freiburg

Sankt Martin verteilt an die Kinder und die Gäste die vorbereiteten Päckchen. Die Kindergruppe hat ein Buch über die Martinslegende erstellt. Dies wird ebenfalls von Martin überreicht. Der Priester spricht ein Gebet:
»Guter Gott, wir sind heute zusammengekommen und feiern das Fest des heiligen Martin. Wir tragen unsere Laternen mit dem Licht. Es soll uns daran erinnern: Martin hat durch sein Gutsein die Welt heller und wärmer gemacht. Er hat mit seiner Liebe viel Freude geschenkt. Hilf uns, dass auch wir anderen das Leben leichter machen können. Lass uns das Gute und auch die Angst und Traurigkeit miteinander teilen, wie der heilige Martin geteilt hat. Der heilige Martin hat die Not des Bettlers nicht einfach übersehen: Gott, lass alle

Menschen aufmerksam werden, wo sie gebraucht werden. Der heilige Martin hat uns ein Beispiel der Nächstenliebe gegeben: Gott, lass uns nicht nur an uns denken, sondern teilen lernen mit den anderen.«

Alle zusammen sprechen das »Vaterunser« – und kehren danach zum Kindergarten zurück.

Alle Kinder, Eltern und Helfer erhalten jetzt ein Stück des gesegneten Backwerks. Zum Abschluss singen sie gemeinsam das Lied »Nun sagen wir noch allen gute Nacht«.

Nun sagen wir …   Mündlich überliefert

1. Nun sa-gen wir noch al-len gu-te Nacht. Dann wer-den al-le Lich-ter aus-ge-macht.

2. Jetzt legen wir uns schlafen,
   's ist schon spät.
   Der Himmel ist mit Sternen ganz
   besät.

3. So sagen wir euch allen
   gute Nacht
   und bitten, dass uns Gott auch
   heut bewacht.

Nach der Rückkehr in den Kindergarten kann zum »gemütlichen« Teil übergegangen werden: mit Gebäck und Martinspunsch (siehe Seite 73ff.) und – wenn die Kleinen noch nicht zu müde sind – mit vielen Liedern und Spielen (siehe Seite 33ff.).

Aktion »Wir teilen, was wir haben«

Zur Feier des Sankt-Martin-Festes bietet sich auch eine Aktion unter dem Motto »Wir teilen« an. Im Folgenden werden einige Vorschläge gemacht, die sich ganz besonders für Kindergruppen in Kindergärten, Kindertagesstätten oder Kinderläden eignen.

Wir teilen Spielsachen mit Kindern, die keine oder nur sehr wenige Dinge zum Spielen haben

Wie im Gottesdienst angesprochen, muss diese Aktion im Vorfeld mit den Kindern thematisch vorbereitet werden. Bei den meisten Kindern besteht in Sachen Spielzeug ein erheblicher Überfluss, teilweise – was auch in die pädagogischen Vorüberlegungen mit einbezogen werden sollte – sogar Überdruss, so dass jeder etwas abgeben kann. Jetzt überlegen wir gemeinsam, welche Kleinen nichts oder nur sehr wenig besitzen – etwa Jungen und Mädchen aus kinderreichen Familien, »Einwandererkinder« oder Kinder aus der Dritten Welt, deren Eltern sich den Kauf von Spielsachen nicht leisten können. Wir nehmen Kontakt auf, z.B. zu einem Wohnheim für Asylanten.

Die Vorbereitungen auf den Aktionsnachmittag bestehen im Wesentlichen aus zwei Teilen: Zum einen muss eine bedürftige Zielgruppe ausfindig gemacht werden, zum anderen müssen die Eltern der Kindergartenkinder informiert und in die Organisation des Basars einbezogen werden.

Wir teilen unsere Zeit

Wenn sich in der Nähe des Kindergartens ein Altenwohnheim befindet, eignet sich das gut zu einer Station der Martinsfeier. Die Bewohner leben dort häufig isoliert, ohne Kontakt zu ihren Familien. Die Kindergruppe kann die alten Menschen besuchen und selbst gebackene Martinsgänse (siehe Seite 75) mitbringen. Lassen Sie bei diesem Auftritt die eingeübten Martinslieder singen und Geschichten vortragen.

Vorbereitung

Wie wir helfen können

Während der Vorbereitungen des Martinsfestes wird gemeinsam überlegt, wie alle zusammen etwas abgeben können und damit Menschen helfen, die dringend Hilfe benötigen. Dies können kinderreiche Familien, Einwanderer- oder auch Flüchtlingskinder sein, Menschen aus Krisengebieten, Opfer von Naturgewalten oder Opfer kriegerischer Auseinandersetzungen. Oder unterstützen Sie eine der vielen karitativen Einrichtungen in Ihrer Heimatstadt.

Anlässlich eines Aktionsnachmittags findet ein Spiel-, Kinderbekleidungs- oder Bilderbuchbasar statt. Der Erlös kommt etwa einem Obdachlosenwohnheim zugute. Oder das Geld wird für die Anschaffung eines mobilen Versorgungskoffers des Roten Kreuzes gespendet.

Der Elternbrief

Zur Vorbereitung gehört auch ein Elternbrief, den jedes Kind mit nach Hause nimmt. Hier ein Beispiel.

»Liebe Eltern,

wir befassen uns in den nächsten Wochen mit dem Thema ›Teilen‹.
Höhepunkt werden dabei unser Martinsfest und der Laternenumzug am 11. November sein. In der darauf folgenden Woche findet in unserem Kindergarten ein Aktionsnachmittag statt, zu dem wir Sie an dieser Stelle recht herzlich auch mit Großeltern, Freunden und Bekannten einladen möchten. An diesem Tag veranstalten wir einen Basar, bei dem jeder Besucher günstig Kinderkleidung, Spielsachen und Bilderbücher kaufen kann.

Auf einem Basar werden gebrauchte und selbst gebastelte Spielzeuge sowie kleine Souvenirs feilgeboten. Das macht einen Riesenspaß, zumal der Erlös eingesetzt wird, um hilfsbedürftigen Menschen in der Nachbarschaft eine Freude zu bereiten.

Wir sammeln ab heute deshalb dafür alles, was entbehrt werden kann oder nicht mehr gebraucht wird. Der Erlös, der an diesem Nachmittag zustande kommt, soll einem wohltätigen Zweck zugute kommen.

Auch in unserer Stadt/Gemeinde leben viele Menschen in Armut, ohne festen Wohnsitz. Viele kamen unverschuldet in diese Situation. Mit diesen Menschen wollen wir teilen, ihnen wollen wir helfen. In unserer Stadt gibt es eine ehrenamtliche Helferin/einen ehrenamtlichen Helfer, die/der sich um diese Menschen kümmert. Kleine Verletzungen werden versorgt, und Medikamente für Krankheiten werden vor Ort ausgeteilt. Das gespendete Geld wird Herrn/Frau ... übergeben. Der Erlös hilft dabei, neues Verbandmaterial und Medikamente für einen mobilen Versorgungskoffer anzuschaffen.

Frau/Herr ... besucht uns am ... im Kindergarten, um über den Tagesablauf zu berichten. Die Kinder können Fragen stellen. So lernen wir einen Menschen kennen, der anderen uneigennützig hilft. Den Abschluss unseres Aktionstages bildet eine kleine Feier, zu der wir Sie herzlich einladen. Geben Sie uns bitte für die Planung Bescheid, mit wie viel Personen Sie erscheinen. Im Voraus danken wir für Ihre Spende, die ab sofort mitgegeben werden kann.

Zum Gottesdienst bringt jedes Kind etwas von seinen Spielsachen mit, etwas, was man teilen kann (und darf). Sollten Sie Interesse haben, uns beim Verkauf zu helfen, dann melden Sie sich bitte bei uns!

Mit freundlichen Grüßen ...«

Hoher Besuch im Kindergarten

Am besten wäre es natürlich, einen bedürftigen Heimbewohner selbst die Umstände seiner Wohnsituation und seinen Alltag vor den Kindergartenkindern schildern zu lassen. Doch dem stehen häufig Scham und Scheu entgegen. Hier ist Fingerspitzengefühl gefordert!

Der nächste Schritt: Der Vertreter der ausgewählten Einrichtung besucht den Kindergarten. Er spricht über seine Arbeit und schildert den Alltag in seinem Haus. Die Kinder werden gebeten, Fragen zu stellen und sich gegebenenfalls Fotos zeigen zu lassen. Noch besser wäre es, wenn ein Heimbewohner sich diesen Fragen stellen würde. Allerdings stehen dem oft Scheu und Scham über die eigene Situation im Wege.

Die Tischdekoration

Jetzt werden kleine Tischlichter gebastelt: Mit einem großen Plätzchenausstecher in Sternform werden Sterne aus Ton gefertigt. Das Material aus einer Ziegelei eignet sich dafür recht gut. Die Sterne können aber auch aus Salzteig entstehen. Nach dem Ausstechen unbedingt trocknen lassen oder backen und hinterher ganz leicht mit Gold- oder Silberlack bestreichen. In der Mitte mit einem Heißkleber ein Teelicht anbringen.

Für das Rollenspiel reichen einfache Requisiten aus. Ein selbst gebasteltes Steckenpferd dient dem Darsteller des heiligen Martin als stolzes Ross.

Das Rollenspiel »Sankt Martin«

Neben dem Einüben der Texte und des Spiels müssen auch die Requisiten rechtzeitig vorbereitet werden. Helm und Schwert aus Karton werden mit Silberfolie überzogen. Als Pferd dient das aus alten Kinderstuben bekannte Holztier. Man kann aber auch relativ einfach ein Steckenpferd selbst basteln: Der Kopf wird aus einem Holzklotz, einer Schachtel oder aus einem ausgestopften Strumpf gefertigt, Augen und Maul werden aufgemalt, Ohren und Mähne angeklebt.

Ein großes rotes Tuch bildet den Soldatenmantel, der zuvor noch präpariert werden muss: Das Tuch wird auseinander geschnitten und mit einem Klettband oder Druckknöpfen wieder zusammengefügt. Der Darsteller darf nämlich bei der Teilung keine Mühe haben mit der Trennung der beiden Stücke. Als Kulisse dienen große Kartons, auf die Häuserfassaden gemalt werden. Den gleichen Zweck erfüllen auch große Bettlaken.

Jetzt kann das Spiel losgehen. Ein Fotograf hält die Szenen fest. Die entstandenen Dias werden dann bei der Aktion gezeigt und vom Gespräch über Sankt Martin begleitet.

Das Rollenspiel erfüllt einen doppelten Zweck: Einerseits dient es den Kindergartenkindern als Information über Sankt Martin und dem Einfühlen in sein Handeln, andererseits werden beim Spiel Fotos geschossen, die später beim Aktionsnachmittag gezeigt werden.

Sankt Martin als Ich-Erzähler

Die Darstellung »Sankt Martin als Ich-Erzähler« ist in der Kindergartengruppe mit weit geringerem Vorbereitungsaufwand als das zuvor genannte Rollenspiel verbunden. Dafür erfüllt sie lediglich die Funktion der Information. Die entsprechenden Motive der Fotos (siehe Seite 104) müssten in diesem Fall auf anderem Wege (z. B. über Bildstellen) besorgt werden.

Anstelle des Rollenspiels, für das mindestens zwei Darsteller benötigt werden und ein erheblicher Aufwand für Bühnengestaltung und Anfertigung der Requisiten betrieben werden muss, kann man auch nur Martin als Ich-Erzähler vor der Gruppe auftreten lassen, der von der Begegnung mit dem Bettler berichtet. In diesem Fall müssten die Dias für den Aktionsnachmittag motivisch dazu passend anderweitig beschafft werden.

»Guten Tag. Meine Name ist Martin; er kommt von dem römischen Kriegsgott Mars. Ich wurde vor über 1600 Jahren in Ungarn geboren. Mein Vater war Soldat im Heer des römischen Kaisers Julian, und auf seinen Wunsch wurde auch ich Soldat. Ich will euch kurz von meiner Begegnung mit dem Bettler berichten, die mir bei den Kameraden meiner Legion nur Spott und beim Kaiser viel Ärger einbrachte – ihr habt sicher schon davon gehört.

Es war an einem bitterkalten Winterabend vor den Toren der französischen Stadt Amiens. Ich war den ganzen Tag geritten, hundemüde, bis auf die Knochen durchfroren und freute mich schon auf ein warmes Zimmer und ein heißes Getränk. Fast schon am Ziel, drang plötzlich ein erbärmliches Wimmern an mein Ohr: ›Hilfe, helft mir doch!‹ Angestrengt sah ich in die Richtung, aus der die Laute kamen. Da – mitten auf dem Boden kauerte ein Bettler, der vor Kälte nur so schlotterte. Er hatte keinen Mantel, und die Kleider, die er noch trug, waren dünn und zerrissen.

›Helft mir doch!‹, flehte er abermals. ›Ich habe keine Unterkunft und friere fürchterlich. Wenn mir keiner hilft, werde ich die Nacht nicht überleben. Gebt mir bitte nur ein wenig von Euch, wenn Ihr habt.‹ Ich zog die Feldflasche heraus, gab sie dem Mann und sagte: ›Hier, trink, es wird dich ein wenig stärken und wärmen.‹ Hastig griff er danach. ›Ihr seid ein guter Mann‹, fuhr er fort, ›schon den ganzen Tag sitze ich hier. Viele Menschen kamen vorbei, blickten mich kurz an und gingen weiter. Einige, die ich ansprach, sagten, sie hätten nichts dabei und jetzt sowieso keine Zeit, und liefen rasch weiter. Jetzt bin ich von der Kälte ganz kraftlos. Habt Ihr vielleicht auch noch eine Decke für mich übrig?‹

Ich überlegte, was ich ihm geben könnte, und da fiel mir mein weiter Soldatenmantel ein. Kurz entschlossen zog ich mein Schwert, hieb ihn mitten entzwei und legte ihm die eine Hälfte um die Schultern, während ich die andere wieder um mich zog. Dann gab ich meinem ungeduldigen Pferd die Sporen. Als ich mich noch einmal umdrehte, sah ich, wie der Bettler dankbar lächelte, wobei er den Mantel ganz eng um seinen Körper wickelte.

In dieser Nacht erschien mir Jesus Christus im Traum. Er sagte: ›Martin, heute hast du mir besonders geholfen. Was du einem Menschen Gutes tust, das tust du für mich.‹ Und plötzlich begriff ich alles – von nun an würde ich nicht dem Kaiser, sondern Gott dienen. Und so ist es passiert.«

Alles für das leibliche Wohl der Gäste

Nicht zu lange vorher backen alle gemeinsam Honigkuchen vom Blech (siehe Seite 76f.) und Bunte Sterne (siehe Seite 75f.). Erst kurz vor Beginn der Feier wird der Martinspunsch (siehe Seite 79) zubereitet, Kaffee oder Tee gekocht. Um unnötige Ausgaben zu sparen, kann bei den Eltern um eine Zutatenspende gebeten oder bei der Feier ein kleiner Kostenbeitrag erhoben werden.

Bekanntmachung des Aktionsnachmittags

Der Termin für den Aktionsnachmittag wird in der Zeitung bekannt gegeben. Außerdem werden Informationsplakate geschrieben, die ungefähr eine Woche vorher in der Umgebung die Aktion ankündigen.

Durchführung

Die während des Gottesdienstes gespendeten Spielsachen wurden im Kindergarten aufbewahrt. Am Nachmittag werden Tische für den Verkauf aufgestellt. Ein geringes Eintrittsgeld kann verlangt werden im Hinblick darauf, dass die Gäste vielleicht nichts kaufen. Nach dem Ende des Basars wird ein für die Besucherzahl geeigneter Raum vorbereitet und verdunkelt. Es werden Tische und Stühle aufgestellt, eine Leinwand für die Diavorstellung wird installiert. Wichtig ist, dass der Raum verdunkelt ist. Vor der Tür teilen ErzieherInnen und Kinder die gebastelten Sternenlichter an jeden Besucher aus. Vor dem Eintreten werden die Lichter angezündet. Wer ein Licht hat, tritt ein und sucht sich einen Platz im Zimmer. Mit jedem Besucher, der in den Raum kommt, wird es heller. Wenn alle sitzen, beginnt die Feier mit einem gemeinsamen Lied, etwa »Schenke Freude« (siehe Seite 86).

Um zu verhindern, dass der Erlös zu gering ausfällt, weil keine oder zu wenige der von den Kindergartenkindern gespendeten Spielsachen verkauft werden, kann für den Zutritt zum Basar ein Entgelt verlangt werden.

Begrüßung

»Liebe Eltern und Gäste,
wir haben Sie heute eingeladen, um bei unserem Aktionstag ›Wir teilen, was wir haben‹ dabei zu sein und mitzumachen. Wir freuen uns sehr, dass Sie

erschienen sind. Mit dem Teilen ist das so eine Sache. Gerade hier in der Kindergruppe lernen doch einige Kinder zum ersten Mal, was teilen bedeutet. Hier teilt man die Spielsachen, wir teilen und verteilen das Essen und teilen uns auch die Arbeit vor Festen während der Vorbereitungen. Einiges teilt man gern, anderes weniger gern. Die Spielsachen zu teilen, das fällt nicht jedem leicht, und doch haben es zum Gottesdienst alle geschafft, sich von Spielsachen zu trennen und sie für einen guten Zweck zu teilen.

Wie hoch der Betrag ist, der heute zusammenkam, das erfahren wir noch während unserer Feier, da er gerade gezählt wird. Höhepunkt heute ist, wenn wir (Name) das Geld überreichen dürfen. Später wird uns (Name) über ihren/seinen Arbeitseinsatz noch genauer berichten. Den Kindern und uns ist sie/er ja schon bekannt.

In den vergangenen Wochen haben wir sehr viel über Vorbilder des Teilens erfahren. Nicht alle wussten, wer Sankt Martin war und was er so Vorbildliches getan hat. Heute zeigen wir Ihnen die Martinsgeschichte anhand einer Diavorführung. Die Dias wurden während des Freispiels aufgenommen/von uns zur Bettlergeschichte passend ausgewählt.

Die Dias halten die wichtigsten Augenblicke der Mantellegende fest. Dadurch, dass die Kinder gleichzeitig zu den Dias über Martin sprechen bzw. mit den Erwachsenen über den Heiligen ins Gespräch kommen, kann eine sehr dichte »Martinsatmosphäre« entstehen.

Während der einzelnen Bilder erzählen Ihnen die Kinder die Geschichte und was sie gerade sehen.«

Die Diavorführung

Ablauf der Diafolge:

1. Dia: Die Stadt
2. Dia: Der Bettler vor der Stadt
3. Dia: Menschen gehen vorbei
4. Dia: Martin reitet in die Stadt
5. Dia: Martin und der Bettler
6. Dia: Martin teilt den Mantel mit dem Schwert
7. Dia: Der Bettler trägt ein Mantelteil
8. Dia: Martin trägt eine Mantelhälfte
9. Dia: Martin reitet davon
10. Dia: Martin träumt (Jesus als Lichtdarstellung wählen)

Während der einzelnen Dias werden ungefähr fünf Minuten Zeit zum Erzählen gegeben, damit sich Eltern und Kinder ausreichend über den heiligen Martin unterhalten können. Je nach Bedarf können es auch bei einigen Szenen ein paar Minuten mehr sein. Dazu passt das Lied »Martin ist ein guter Mann« (siehe Seite 37f.).

Gemütliches Beisammensein

An dieser Stelle kann der Empfänger der Spende über seine Einrichtung und seine Tätigkeit sprechen und darüber, wofür sie/er das erhaltene Geld verwenden wird. Am Ende der Feierlichkeiten wird die Summe überreicht, möglichst von den Kindern selbst.

Verabschiedung

»Wir haben mit (Name) vereinbart, dass sie/er uns in ein paar Wochen darüber berichten wird, wie das Geld angelegt wurde. Wir freuen uns heute schon darauf. Dass uns alle bei dieser Aktion unterstützt haben und die Bereitschaft zur Mithilfe so groß war, dafür danken die Kinder und wir. Der gebastelte Tischschmuck (= die Sternleuchten) darf nach Hause mitgenommen werden. Er soll eine Erinnerung an den heutigen Tag sein.

Wir haben gesehen: Je mehr Menschen mit Lichtern in den Raum kamen, desto heller und wärmer wurde es bei uns. Deshalb nehmen wir unsere Lichter mit und tragen sie hinaus. Bewahren wir dieses Licht auch in uns und geben es an andere weiter.«

Zum Abschluss singen alle »Wenn wir Kinder uns lieben« (siehe Seite 84).

Sinn der Verabschiedung ist es auch, nach der »großen Aktion« auf den Boden des Alltags zurückzukommen: Heute war ein spektakulärer Tag des Teilens, aber ab morgen sollte das Teilen im Kleinen, vielleicht Unauffälligen weitergehen.

105

Literaturhinweise

»Stille Übungen mit Kindern«, Gerda und Rüdiger Maschwitz.
Kösel Verlag, München
Die beiden Autoren geben in diesem praxisorientierten Buch nützliche Anregungen für die alltägliche Arbeit mit Kindern. Sie sollen bei den Jungen und Mädchen Aufmerksamkeit wecken für deren Körper und Sinne. Der Ratgeber enthält verschiedene Yogaübungen, Entwürfe für die Gestaltung der Übungsstunden sowie zahlreiche Meditationsideen. Es eignet sich für Gruppen von Kindern im Alter von 4 bis 14 Jahren.

»Martinus teilt den Mantel«, Regine Schindler.
Ernst Kaufmann Verlag, Lahr
Die Autorin legt in diesem Buch für Kinder im Alter von 4 bis 8 Jahren die Lebensgeschichte des Heiligen eindrucksvoll dar. Anschauliche Illustrationen runden die spannende Lektüre optisch ab. Zudem wird dem Leser Hilfestellung beim Vortrag im Kreis der Kinder angeboten.

»Weihnachten für alle«, Maria Thudichum.
Ludwig Auer Verlag, Donauwörth
Das Buch eignet sich nicht nur zur Lektüre am Martinstag, sondern auch als Begleiter für den ganzen Zeitraum zwischen Sankt Martin und Dreikönigstag. Neben interessanten Geschichten finden ErzieherInnen zahlreiche Vorschläge für vorweihnachtliche Basteleien und Spiele.

»Lebendiges Brauchtum«, Herbert Rauchenecker. Pfeiffer Verlag, München
Ein wichtiges Nachschlagewerk für jeden christlichen Kindergarten. Wer etwa genau wissen möchte, wie die unterschiedlichen Bräuche entstanden sind, findet hier ausreichend Auskunft. Das Buch des katholischen Priesters unterstützt Eltern wie ErzieherInnen bei ihrer Absicht, die Brauchtümer den Kindern nahe zu bringen.

»Religionspädagogische Praxis«, Franz Kett.
Religiöse Arbeitshilfen Verlag, Landshut
Eine religionspädagogische Reihe, die zu verschiedenen Themen in Elternhaus, Schule und Kirche konkrete Hilfe anbietet. So wendet sich der bekannte

Pädagoge nicht nur an die ErzieherInnen, sondern auch an Katecheten, Lehrer und interessierte Eltern. Anhand praktischer Beispiele und mit vielen Übungen will Kett Wege ganzheitlicher religiöser Erziehung weisen.

»Erzähl mir vom Glauben«, Karl Foitzik, Friedrich Johannsen, Ilse Jüntschke. Ernst Kaufmann Verlag, Gütersloher Verlagshaus Gerd Mohn
Das Vorlesebuch präsentiert viele Geschichten aus dem Alltag, die den Erwachsenen helfen sollen, Grunderfahrungen im christlichen Glauben an die Kleinen weiterzugeben. Die aufgeführten Handlungen regen zu Glaubensgesprächen in der Gruppe, aber auch zum Nachdenken im stillen Kämmerlein an. Religiöse Fragen von Jungen und Mädchen im Alter zwischen 4 und 8 Jahren finden hier ihre Antworten.

»Glauben erlebbar machen«, Rolf Krenzer. Herder Verlag, Freiburg
Der bekannte Liedtexter und Buchautor gibt mit diesem wertvollen Ratgeber für Erzieher an religiösen Tageseinrichtungen seine Erfahrungen weiter. Neben einem reichhaltigen Angebot an Texten, Liedern, Spielen und Gedichten für Kirchenfeste findet der Leser viele pädagogische Hinweise.

»111 Bausteine«, Willi Hoffsümmer. Matthias Grünewald Verlag, Mainz
Eine wichtige Lektüre für alle Helfer und Mitarbeiter bei Gottesdiensten. Inhalt, Aufbau und Ziele vieler dabei behandelter Themen sind ausführlich dargestellt. Die Vorbereitung der Messe wird erleichtert durch ein großes Angebot an Liedern, meditativen Texten und Gebeten.

»Das große Jahresbuch für Kinder«, Hermine König. Kösel Verlag, München
Kinder und auch Erwachsene sind eingeladen, alte Bräuche, Feste und Festtage neu zu entdecken. Da gibt es Geschichten, Legenden, Lieder, Spiele, Gedichte, Bastelanregungen, Backrezepte und viele bunte Bilder. Eine Reise durch alle Feste des Jahres, den Wechsel der Jahreszeiten und die Vielfalt des Brauchtums und des Kirchenjahres.

»Christliches Brauchtum«, Hermann Kirchhoff. Kösel Verlag, München
Für Eltern und ErzieherInnen, die sich über Ursprung, historische Hintergründe und Symbolik von christlichen Bräuchen informieren wollen und wie sie heute praktiziert werden.

»Mit Kindern Heilige feiern«, Barbara Cratzius. Herder Verlag, Freiburg
Die Kinderbuchautorin gibt Anregungen für eine lebendige und abwechslungsreiche Gestaltung von Heiligenfesten, u.a. auch zum Fest des heiligen Martin. Dazu gehören Geschichten über den Heiligen, Gedichte und Lieder, Rollen-, Sing- und Gruppenspiele.

»Mit Kindern Feste feiern«, Reinhard Abeln
Süddeutsche Verlagsgesellschaft, München
Dieses Buch zeigt, wie kirchliche Feste in der Familie kindgemäß vorbereitet und gefeiert werden können und wie bedeutsam diese Stunden im Kreis der Familie sind. Im Vordergrund stehen dabei festliche Elemente wie Singen, Erzählen, Vorlesen, Tanzen, Spielen oder Musizieren, die die kreativen Kräfte von Kindern ansprechen und fördern.

»Leuchte auf, mein Licht«, Jutta Timm. Ravensburger Buchverlag
Eine liebevoll illustrierte Sammlung von Liedern zum Laternengehen, ergänzt durch die Geschichte des heiligen Martin, Bastelanleitungen und Backrezepte. Ein schönes Büchlein, an dem auch Erwachsene ihre Freude haben werden.

»Bräuche im Kirchenjahr«, Jürgen Küster. Herder Verlag, Freiburg
Ein schmales, handliches Büchlein, das kurz über die wichtigsten christlichen Festtage informiert. Für Eltern, die vielleicht eine schnelle Antwort auf Fragen ihrer Kinder brauchen.

»Mit Kindern den Winter erleben«, Carola Schuster-Brink.
Südwest Verlag, München
Ein Buch für Kinder mit Spielen für drinnen und draußen, Bastelvorschlägen mit Papier, Pappe und Textilien, mit Geschichten, Gedichten, Liedern und Rezepten für die kalte Jahreszeit.

»Erntedank feiern mit Kindern«, Sonja Schneider.
Südwest Verlag, München
Hier werden nicht nur praktische Anleitungen für die Gestaltung von Festen und Feiern im Kindergarten, Lieder, Gedichte und Geschichten zum Erntedankfest vorgestellt, sondern es wird auch Kindern das Wachsen und Reifen in der Natur nahe gebracht.

»Rituale geben Kindern Halt«, Annegret Weikert. Südwest Verlag, München
In diesem Ratgeber werden Rituale für jeden Tag, jeden Monat, jedes Jahr vorgestellt, die in den Alltag des Familienlebens gut integrierbar sind. So erfahren Kinder, wie ihnen Rituale Ruhe und Geborgenheit in unruhigen Zeiten geben können.

»Mit Kindern Stille üben«, Eva M. und Joachim H. Angerstein.
Südwest Verlag, München
Spielerische Übungen, damit Kinder wieder zu sich selbst, zur inneren Ruhe finden. Dabei helfen Träume, Märchen und Erzählungen, Spannungen abzubauen.

»Lieblingslieder für Kinder«, Gertrud Weidinger, Susanna zu Knyphausen.
Südwest Verlag, München
Lieder zu allen Bereichen kindlichen Lebens, zum Einschlafen, Geburtstag, zum Wandern, zu allen Jahreszeiten und mit einem großen Kapitel zu den Bereichen Martin, Nikolaus, Advent und Weihnachten.

»Feste und Bräuche«, Albert Bichler. Schneider Verlag
Kirchliche Feste, wie Weihnachten oder Ostern, aber auch weltliche Unterteilungen des Jahres, wie Karneval, Frühlings- oder Herbstanfang, werden vorgestellt, entsprechende Bräuche dazu aufgezeigt, es gibt Rezept-, Bastelvorschläge, Gedichte, Bauern- und Wetterregeln.

Impressum

© 1998 Südwest Verlag GmbH in der Verlagshaus Goethestraße GmbH & Co. KG, München

Alle Rechte vorbehalten. Nachdruck – auch auszugsweise – nur mit Genehmigung des Verlags.

Redaktion:
Monika Zilliken, Thomas May
Projektleitung:
Ernst Dahlke
Redaktionsleitung:
Nina Andres
Bildredaktion:
Sabine Kestler
Produktion:
Manfred Metzger
Umschlag:
Till Eiden
Innenlayout:
Wolfgang Lehner
DTP/Satz:
MAC 2/ Luttmann/Anger
Printed in Germany

Gedruckt auf chlor- und säurearmem Papier

ISBN 3-517-07536-1

Über die Autorin

Heidi Nemeyer ist Erzieherin und Sozialpädagogin mit reicher Berufserfahrung. Sie arbeitet seit Jahren erfolgreich als Leiterin einer privaten Kindertagesstätte in Augsburg.

Hinweis

Das vorliegende Buch ist sorgfältig erarbeitet worden. Dennoch erfolgen alle Angaben ohne Gewähr. Weder die Autorin noch der Verlag können für eventuelle Nachteile oder Schäden, die aus den im Buch gegebenen Hinweisen resultieren, eine Haftung übernehmen.

Zu den Quellen

Lieder und Texte wurden mit freundlicher Genehmigung der im Text genannten Autoren und Verlage abgedruckt. Bei manchen Texten war es uns leider nicht möglich, die Quellen in Erfahrung zu bringen. Wir bitten eventuell nicht genannte Urheber um eine Benachrichtigung.

Bildnachweis

AKG, Berlin: 7, 10, 81; Das Fotoarchiv, Essen: U1 (Markus Matzel); IFA-Bilderteam, Taufkirchen: 14 (R. Maier), 63 (TPC), 78 (Schmitz), 99 (Amadeus); Kargl Christian, München: U4, U2, 17, 21, 31, 58, 95, 97, 105; Rehm Claudia, München: 76, 101

Alle Illustrationen sind von Sabine Lauf, München.

Sachregister:

Register der Lieder

Register der Rezepte